Hans Huber Programmbereich Pflege

Wissenschaftlicher Beirat:
Silvia Käppeli, Zürich
Doris Schiemann, Osnabrück
Hilde Steppe †

Bücher aus verwandten Sachgebieten

Arets/Obex/Vaessen/Wagner
Professionelle Pflege 1
Theoretische und praktische Grundlagen
ISBN 3-456-83292-3

Arets/Obex/Ortmans/Wagner
Professionelle Pflege 2
Fähigkeiten und Fertigkeiten
ISBN 3-456-83075-0

Benner
Stufen zur Pflegekompetenz
ISBN 3-456-82305-3

Benner/Tanner/Chesla
Pflegeexperten und Pflegekompetenz
ISBN 3-456-83294-X

DeCambio-Störzel/Estermann/Fierz-Baumann/Räz
Pflegeausbildung im Krankenhaus
ISBN 3-456-82907-8

Groß/Wagner
Werkstattgespräch 1: Schule
ISBN 3-456-83068-8

Koch
Bildung und Pflege
ISBN 3-456-83263-X

Picado/Fahlbusch/Unkelbach
IBF-Handbuch
ISBN 3-456-83325-3

Sieger
Pflegepädagogik
ISBN 3-456-83328-8

Hohmann
Gesundheits-, Sozial- und Rehabilitationssysteme in Europa
ISBN 3-456-82878-0

Weitere Informationen über unsere Neuerscheinungen finden Sie im Internet unter:
http://www.verlag.hanshuber.com oder per e-mail an: verlag@hanshuber.com.

Beate Rennen-Allhoff / Inge Bergmann-Tyacke

Lehrerinnen und Lehrer für Pflegeberufe in Europa

Ausbildungsstandards in den
EU-Mitgliedsstaaten

Die Untersuchung wurde in Zusammenarbeit mit dem Bundesausschuß der Länderarbeitsgemeinschaften der Lehrerinnen und Lehrer für Pflegeberufe durchgeführt.

Verlag Hans Huber
Bern · Göttingen · Toronto · Seattle

Anschrift der Autorinnen:

Professorin Dr. Beate Rennen-Allhoff
Inge Bergmann-Tyacke
Fachhochschule Bielefeld
Fachbereich Pflege und Gesundheit
Am Stadtholz 24
33609 Bielefeld

Die Robert Bosch Stiftung hat aus ihren Mitteln die Herausgabe des Buches durch einen Druckkostenzuschuß gefördert.

Die Deutsche Bibliothek – CIP-Einheitsaufnahme

Rennen-Allhoff, Beate:
Lehrerinnen und Lehrer für Pflegeberufe in Europa : Ausbildungsstandards in den EU-Mitgliedsstaaten/Beate Rennen-Allhoff ; Inge Bergmann-Tyacke. Die Untersuchung wurde in Zusammenarbeit mit dem Bundesausschuß der Länderarbeitsgemeinschaften der Lehrerinnen und Lehrer für Pflegeberufe durchgeführt. – Bern ; Göttingen ; Toronto ; Seattle : Huber, 2000
   (Huber Progrmmbereich Pflege)
   ISBN 3-456-83377-6

Das Werk einschließlich aller seiner Teile ist urheberrechtlich geschützt. Jede Verwertung außerhalb der engen Grenzen des Urheberrechtsgesetzes ist ohne Zustimmung des Verlages unzulässig und strafbar. Das gilt insbesondere für Vervielfältigungen, Übersetzungen, Mikroverfilmungen und die Einspeicherung und Verarbeitung in elektronischen Systemen.

1. Auflage 2000
© 2000 Verlag Hans Huber, Bern
Druck: AZ Druck und Datentechnik GmbH, Kempten
Printed in Germany

Inhaltsverzeichnis

1.	Hintergrund	7
2.	Fragestellungen	9
3.	Methoden	10
4.	Ergebnisse	12
4.1	Ergebnisse nach Fragestellungen	12
4.1.1	Ausbildungsgänge in der Pflege	12
4.1.2	Pflegeausbildung	12
4.1.3	Qualifizierung der Lehrkräfte	14
4.2	Ergebnisse nach Ländern	17
4.2.1	Belgien	17
4.2.2	Dänemark	22
4.2.3	Deutschland	26
4.2.4	Finnland	32
4.2.5	Frankreich	35
4.2.6	Griechenland	39
4.2.7	Großbritannien	41
4.2.8	Irland	46
4.2.9	Italien	50
4.2.10	Luxemburg	54
4.2.11	Niederlande	57
4.2.12	Österreich	62
4.2.13	Portugal	67
4.2.14	Schweden	69
4.2.15	Spanien	71
5.	Adressen von Hochschulen	73
5.1	Belgien	73
5.2	Dänemark	74
5.3	Deutschland	75
5.4	Finnland	78
5.5	Großbritannien	80
5.5.1	England	80
5.5.2	Nordirland	83
5.5.3	Wales	83
5.6	Irland	84
5.7	Italien	85
5.8	Niederlande	86
5.9	Österreich	88

Vorwort

Sektorale Richtlinien der Europäischen Union (EU) ermöglichen seit 1977 Freizügigkeit und Niederlassungsfreiheit für Krankenschwestern. Diplome, Prüfungszeugnisse und sonstige Befähigungsnachweise der Allgemeinen Pflege (in Deutschland Krankenpflege) werden gegenseitig anerkannt sowie über Rechts- und Verwaltungsvorschriften koordiniert. Für die Kinderkrankenschwester gilt dieses abgestuft über die Regelungen der allgemeinen EU-Richtlinie. Für die Altenpflegerin greift bis heute kein europäisches Anerkennungsverfahren.

Die Qualifizierung der Lehrenden in der Pflege und deren Anspruch, gleichermaßen Freizügigkeit und Niederlassungsfreiheit zu erhalten, wurden bisher nicht diskutiert. Ein wesentlicher Grund dafür ist sicherlich darin zu sehen, dass die Vielfalt der Verortung von Erstausbildung in der Pflege in den Bildungssystemen der EU-Mitgliedstaaten notwendigerweise dazu führt, dass sich auch die Qualifizierung der Lehrenden vielfältig darstellt. Hierzu schließt der vorliegende Projektbericht mit seiner Analyse über die Ausbildung der Lehrerinnen und Lehrer für Pflegeberufe in den Mitgliedstaaten der EU eine Lücke. Die Analyse ermöglicht einen Vergleich der pflegerischen Berufsstrukturen, der Erstausbildungen, der Ausbildungsorganisationen und der Qualifikationsniveaus der Lehrerbildung.

In der gegenwärtigen intensiven Reformdiskussion der Qualifizierung der Lehrenden für berufliche Schulen allgemein und für die Pflegeberufe insbesondere (und hier einschließlich der Erstausbildung) kann es hilfreich sein, über den eigenen Horizont zu schauen und die Verhältnisse in anderen Ländern zu kennen und zu berücksichtigen.

Den Lehrerinnen und Lehrern für Pflegeberufe in Deutschland bietet die vorliegende Analyse die Möglichkeit, die eigene Qualifikation und deren Verankerung im Bildungs- und Gesundheitswesen im europäischen Vergleich zu bewerten. Zugleich eröffnet sich damit auch ein Dialog über den Stand und die Entwicklung einer modernen Lehrerbildung in der Pflege. Darüber hinaus lässt sich der Projektbericht nutzen für die Aufbereitung von Unterrichtseinheiten in der Aus-, Fort- und Weiterbildung und trägt zur Förderung der inneren Berufsdifferenzierung der Pflege in Deutschland und Europa bei.

Gertrud Stöcker

Wuppertal, im August 1999

1. Hintergrund

Die Pflegeausbildung ist in Europa sehr unterschiedlich geregelt. Die Unterschiede betreffen:
- die Frage, welche Berufe den Pflegeberufen zugerechnet werden und welche nicht
- die Untergliederung des Berufsfeldes in einzelne Berufe
- Art und Niveau der pflegerischen Grundausbildung
- die Qualifizierung der Leitungskräfte und auch
- die Lehrerausbildung.

(Beratender Ausschuss der Europäischen Kommission für die Ausbildung in der Krankenpflege, 1997; Mogge-Grotjahn, 1994, Wendt Leon, 1995).

Bezüglich der Lehrerausbildung kann dabei nicht davon ausgegangen werden, dass innerhalb der einzelnen Länder Pflegelehrer nach dem gleichen Prinzip ausgebildet werden wie Lehrer für andere Felder der beruflichen Bildung. In einer Bestandsaufnahme der Kultusministerkonferenz (1992) zur Lehrerausbildung in den Mitgliedstaaten der Europäischen Gemeinschaft wird die Ausbildung der Lehrkräfte für das Berufsfeld Pflege, anders als die Lehrerausbildung für andere Berufsfelder, nicht erwähnt. Offenbar haben die Pflegeausbildung und die Ausbildung der Pflegelehrer auch in anderen Ländern als Deutschland einen Sonderstatus innerhalb des jeweiligen Bildungssystems.

In den vorliegenden Übersichten über die Regelung der Pflegeausbildung, die der Beratende Ausschuss der Europäischen Kommission (1997) und Wendt Leon (1995) vorgelegt haben, wird die Lehrerausbildung nur am Rande behandelt, die Angaben sind entsprechend der anders gelagerten Zielsetzung dieser Arbeiten recht allgemein und zum Teil auch nicht mehr aktuell.

Um die deutschen Ausbildungsgänge für Lehrkräfte im Pflegebereich mit denen anderer europäischer Länder vergleichen zu können und um eine Informationsbasis für die Anbahnung europäischer Kooperationen zu haben, schien uns 1997 eine Zusammenstellung der unterschiedlichen Ausbildungsgänge in Europa wünschenswert. Im Hinblick auf das praktische Ziel der Erleichterung von Kooperationen zwischen Hochschulen sollten dabei auch die Adressen der einschlägigen Hochschulen aufgelistet werden.

Da ein Zusammenhang zwischen Art der Lehrerausbildung und Art der pflegerischen Grundausbildung zu vermuten ist, sollte für jedes Land auch eine kurze systematische Darstellung der Ausbildungsberufe und der Gestaltung der entsprechenden Grundausbildungsgänge gegeben werden.

Literatur

Beratender Ausschuss für die Ausbildung in der Krankenpflege (1997). Bericht und Empfehlungen zur Ausbildung der für die allgemeine Pflege verantwortlichen Krankenschwestern und Krankenpfleger in der Europäischen Union. Europäische Kommission, Generaldirektion XV, Brüssel.

Wendt Leon, M. (1995). Krankenpflegeausbildung in Europa. Stuttgart: Kohlhammer.

Sekretariat der Ständigen Konferenz der Kultusminister der Länder in der Bundesrepublik Deutschland (1992). Bestandsaufnahme zur Lehrerausbildung in den Mitgliedstaaten der Europäischen Gemeinschaft.

2. Fragestellungen

Im Einzelnen wurde damit für jedes Mitgliedsland der Europäischen Union folgenden Fragen nachgegangen:
- Welche Ausbildungsberufe gibt es im Pflegebereich?
- Was sind die Ziele und Inhalte der pflegerischen Grundausbildung(en)?
- Auf welchem Niveau findet die Ausbildung statt, wie ist sie organisiert?
- Auf welchem Qualifikationsniveau werden Lehrkräfte für den Pflegebereich ausgebildet?
- Was sind die Ziele und Inhalte der Lehrerausbildung und wie ist die Lehrerausbildung organisiert?
- An welchen Hochschulen werden Lehrkräfte für den Pflegebereich ausgebildet?

Ausgeklammert bleiben dabei Ausbildungen auf Helferniveau und die Qualifizierung der Lehrkräfte für angehende Pflegehelferinnen und -helfer.

3. Methoden

Um eine möglichst große Erfolgsaussicht bei der Beantwortung der aufgeführten Fragen zu haben, wurde eine Kombination von Methoden gewählt: Literaturauswertung, schriftliche und telefonische Befragungen der zuständigen Stellen und sonstiger Kontaktpersonen aus den einzelnen Ländern, Auswertung schriftlichen Informationsmaterials.

Die Sichtung der vorhandenen Literatur ergab, dass in die Befragungen alle im Abschnitt Fragestellungen aufgeführten Aspekte einbezogen werden mussten, da auch die Angaben zur Grundausbildung in der Literatur für unseren Zweck nicht ausreichend waren bzw. angesichts der rasanten Veränderungen in der Pflegeausbildung in vielen europäischen Ländern nicht mehr als aktuell unterstellt werden konnten.

Im nächsten Schritt wurde eine schriftliche Befragung durchgeführt. Primäre Ansprechpartnerinnen und Ansprechpartner waren dabei die Mitglieder des Beratenden Ausschusses für die Ausbildung in der Krankenpflege der Europäischen Kommission (ACTN). Jedes Land ist hier durch ein Mitglied vertreten, von dem angenommen werden kann, dass es sich für Bildungsfragen im Pflegebereich engagiert und auf diesem Gebiet kompetent ist. Jedem Mitglied wurden in der Kommissionssprache Englisch mit einem erläuternden Anschreiben zwei Fragebogen zugeschickt (einer zur Pflegeausbildung, der andere zur Pflegelehrerausbildung) mit der Bitte um Beantwortung der aufgeführten Fragen und Zusendung von Informationsmaterial. Diese Fragebogen wurden nicht aus allen Ländern ausgefüllt zurückgeschickt. Zum Teil waren auch die darin gegebenen Informationen so knapp, uneindeutig oder widersprüchlich, dass Nachfragen erforderlich waren.

An dieser Stelle wurden telefonische Nachfragen durchgeführt, die allerdings vielfach schwierig waren, z. T. weil die Personen schlecht zu erreichen waren, z. T. weil die Gesprächspartnerinnen und -partner am Telefon keine weiteren Auskünfte geben wollten und z. T. schließlich auch, weil der Fragebogen gelegentlich weitergereicht worden war und dann nicht immer erkennbar war, wer einen Bogen ausgefüllt hatte.

Parallel wurden deshalb weitere Informationsquellen genutzt:
- Internet-Recherchen
- Kontaktaufnahme mit den Mitgliedern der European Federation of Nurse Educators (FINE), einem Zusammenschluss professioneller Ausbildungsorganisationen aus EU- und EFTA-Staaten sowie der Schweiz
- Nutzung persönlicher Kontakte
- Telefonische Anfragen bei Ministerien und einzelnen Aus- und Weiterbildungseinrichtungen
- Beschaffung gesetzlicher Grundlagen für Pflegeberufe und Pflegeausbildung
- Telefonische und schriftliche Anfragen bei einzelnen Hochschulen, bei denen eine Pflegelehrerausbildung vermutet wurde.

3. Methoden

Diese Gespräche wurden vorwiegend in Deutsch und Englisch geführt. Da ein möglicher Grund für die geringe Antwortbereitschaft in manchen Ländern in sprachlichen Hemmnissen vermutet werden konnte, wurden bei den Ländern, zu denen im Herbst 1998 noch keine ausreichenden Informationen vorlagen, durch Dolmetscher in der jeweiligen Landessprache Anrufe bei den Ministerien für Gesundheit und Erziehung/Wissenschaft sowie bei einzelnen Hochschulen und Weiterbildungseinrichtungen durchgeführt. Telefonische Auskünfte zur Sache selbst waren dabei weitgehend nicht zu erhalten, lediglich Namen zuständiger Mitarbeiterinnen und Mitarbeiter und Fax-Nummern. Die Fragen wurden dann per Fax diesen Mitarbeiterinnen und Mitarbeitern übermittelt.

Aus zugesandtem Informationsmaterial und ausgefüllten Fragebogen ergaben sich oft weitere mögliche Ansprechpartner, die dann telefonisch und schriftlich kontaktiert wurden. Zahlreiche Widersprüche und Unklarheiten wurden telefonisch oder durch Anforderung zusätzlichen Informationsmaterials zu klären versucht.

Die Laufzeit des Projektes erstreckte sich vom 01.11.1997 bis zum 31.12.1998. Das Projekt wurde finanziell von der Robert-Bosch-Stiftung, dem Bundesausschuss der Länderarbeitsgemeinschaften der Lehrerinnen und Lehrer für Pflegeberufe und der Fachhochschule Bielefeld unterstützt.

4. Ergebnisse

Die Ergebnisse spiegeln den Stand vom Herbst 1998 wider. Sie sollen zunächst über die Länder hinweg zusammenfassend unter den Gliederungsaspekten Berufsstruktur, Grundausbildung und Qualifizierung der Lehrkräfte dargestellt werden. Daran schließt sich dann eine ausführlichere Beschreibung der Regelungen in den einzelnen EU-Ländern, die demselben Aufbau folgt, an.

4.1 Ergebnisse nach Fragestellungen

4.1.1 Ausbildungsgänge in der Pflege

In allen Ländern gibt es Fort- und Weiterbildungsmöglichkeiten, die zum Teil auch zu neuen Berufsbezeichnungen führen, während sich die Ausbildungsmöglichkeiten auf einen Pflegeberuf oder auf einige wenige Pflegeberufe beschränken (s. Tabelle 1)

Erhebliche Unterschiede zwischen den fünfzehn Ländern gibt es in der Einordnung des Hebammenberufs. Während dieser Beruf in Frankreich nicht einmal in dieselbe große Gruppe der paramedizinischen Berufe fällt wie die Krankenpflege und er in Österreich zumindest nicht zu den Gesundheits- und Krankenpflegeberufen gerechnet wird, ist die Hebammenqualifizierung in vielen Ländern (wie Irland, Italien, Luxemburg, Portugal, Schweden) als eine auf die krankenpflegerische Grundausbildung aufbauende Weiterbildung geregelt.

4.1.2 Pflegeausbildung

Die Pflegeausbildung ist in den Ländern der Europäischen Union unterschiedlich organisiert. Zum Teil ist sie dem berufsbildenden Sekundarbereich zugeordnet (z. B. Luxemburg), z. T. findet sie in Schulen besonderer Art statt (z. B. Frankreich, Deutschland, Österreich), in einer Reihe von Ländern wird sie dem tertiären Bildungsbereich zugerechnet (z. B. Dänemark, Großbritannien, Irland), und in manchen

4.1 Ergebnisse nach Fragestellungen

Tabelle 1: Übersicht über Ausbildungsgänge in der Pflege in den Ländern der Europäischen Union.

Land	Kranken-pflege	Kinder-kranken-pflege	psychia-trische Pflege	Altenpflege	Sonstiges
Belgien	♦				
Dänemark	♦				
Deutschland	♦	♦		♦	div. verwandte Ausbildungsgänge
Finnland	♦				Public Health Nurse und Hebamme als Spezialisierungen in der Ausbildung
Frankreich	♦				
Griechenland	♦				
Großbritannien	♦	als Spezialisierung in der Ausbildung	als Spezialisierung in der Ausbildung		Pflege geistig Behinderter als Spezialisierung in der Ausbildung
Irland	♦		♦		Pflege geistig Behinderter
Italien	♦				
Luxemburg	♦				
Niederlande	♦			Sozialpfleger (Ausb. auf niedrigerem Niveau)	
Österreich	♦	♦	♦		
Portugal	♦				
Schweden	♦				
Spanien	♦				

Ländern gibt es sowohl eine Ausbildung im tertiären System als auch eine außerhalb des Hochschulbereichs (z. B. Belgien, Niederlande).

Einen Überblick gibt Tabelle 2.

Die Länder unterscheiden sich dabei erheblich darin, was als hochschulische Qualifizierung betrachtet wird. Während etwa in Deutschland bis vor kurzem der niedrigste hochschulische Grad das Fachhochschul-Diplom war, das nach Einschätzung der Fachhochschulen zwischen Bachelor- und Masterniveau anzusiedeln ist, gibt es in anderen Ländern, wie Großbritannien, hochschulische Abschlüsse unterhalb des Bachelor-Niveaus. Diese Unterschiedlichkeit findet zum Beispiel in Luxemburg bei der erforderlichen Anerkennung ausländischer Krankenpflegeabschlüsse ihren Niederschlag darin, dass der französische Abschluss eines „institut de formation en soins infirmiers", das in Frankreich nicht dem Hochschulbereich zugerechnet wird, und der niederländische Abschluss einer Hogeschool, also einer Einrichtung des Hochschulwesens, als gleichwertig betrachtet werden, da in beiden Fällen das Abitur vorausgesetzt wird und die Ausbildung drei Jahre dauert.

Hochschulische Ausbildungsgänge in der Krankenpflege werden auf Bachelor-Niveau und auf darunterliegendem Diploma-Niveau, wie der Diploma-Studiengang in Großbritannien oder in Griechenland, angeboten, in Portugal ist eine Anhebung auf Lizentiatsniveau vorgesehen.

4.1.3 Qualifizierung der Lehrkräfte

Eine Übersicht über die Art der Lehrerqualifizierung vermittelt Tabelle 3.

Aus dieser Tabelle ist ersichtlich, dass in allen EU-Ländern von Pflege-Lehrkräften eine abgeschlossene pflegerische Grundausbildung verlangt wird; eine Ausnahme stellt dabei der Lehramtsstudiengang in Bremen (Deutschland) und eine bestimmte Variante in Luxemburg dar. Daneben werden überall pädagogische und/oder fachwissenschaftliche Zusatzqualifikationen sehr unterschiedlicher Art und Dauer gefordert.

4.1 Ergebnisse nach Fragestellungen

Tabelle 2: Übersicht über die Anbindung der Grundausbildung in der Krankenpflege in den Ländern der Europäischen Union.

Land	Ausbildung außerhalb des Hochschulbereichs/Abschluss	Ausbildung im Hochschulbereich/Abschluss
Belgien	ergänzender berufsbildender Sekundarunterricht, 3 Jahre, Brevet in Krankenpflege	Hogeschole, 1-Zyklus-Ausbildung 3 Jahre, graduierter Krankenpfleger
Dänemark		Universität 3 $^3/_4$ Jahre, bachelor degree
Deutschland	Krankenpflegeschule (Schule besonderer Art), 3 Jahre, staatliche Prüfung	
Finnland		Polytechnic
Frankreich	Institut de formation en soins infirmiers, 37,5 Monate, Diplôme d'etat d'infirmier	
Griechenland		a) Technological Institute, 3,5 Jahre, Diploma in Nursing b) Universität: 4 Jahre, bachelor degree
Großbritannien		a) Universität, 3 Jahre, Diploma b) Universität, 3 Jahre, bachelor degree
Irland		Universität, 3 Jahre, Diploma
Italien		Universität, kurzer Studiengang 3 Jahre, Diploma universitario di infermiere
Luxemburg	sekundäre berufliche Bildung, 3 Jahre, diplôme de l'état luxemourgois d'infirmier	
Niederlande	berufliche Sekundarbildung, 4 Jahre, Diplom verpleegkundige	Hogeschool, 4 Jahre, Diplom verpleegkundige
Österreich	spezielle Schulen, 3 Jahre, diplomierte(r) Gesundheits- und Krankenschwester/-pfleger	
Portugal		Polytechnic, 4 Jahre, Diploma do curso superior de enfermagem
Schweden		University/University College, 3 Jahre, bachelor degree
Spanien		Universität, 3 Jahre, Diplomado universitario de enfermeria

4. Ergebnisse

Tabelle 3: Übersicht über die Art der Qualifizierung von Lehrkräfte für Pflege in den Ländern der Europäischen Union.

Land	Pflegeausbildung Voraussetzung?	päd. Weiterbildung außerhalb der Hochschule	pädagogisch ausgerichtetes Zusatzstudium	zusätzlicher fachbezogener akademischer Abschluss	grundständiges Lehrerstudium	Sonstiges
Belgien	ja		Lehrkräfte im ergänzenden Sekundarunterricht	Lehrkräfte an Hogescholen	Lehrkräfte an Hogescholen:	
Dänemark	ja			Master		
Deutschland*	ja (meist)	2 Jahre			oder Studium an Fachhochschulen oder Universitäten	plus z. T. Referendariat
Finnland	ja			Master		
Frankreich	ja	Weiterbildung f. Lehr- und Leitungskräfte, 9 Mon.				
Griechenland	ja			f. Lehrkräfte im tertiären Bereich: Master/ PhD		
Großbritannien	ja		mind. 1 Jahr			plus fachbezogene Weiterbildung mind. 6 Monate
Irland	ja			Master mit päd. Anteil		
Italien	ja		2-jähriger Zusatzstudiengang für Lehr- und Leitungskräfte (päd. + fachbezogen)			
Luxemburg*	ja (FH)			oder mind. 4-j. Universitätsstudium		plus 3-j. Referendariat
Niederlande	ja		2 Jahre Teilzeit			
Österreich	ja	mind. 1 Jahr	oder 2 Jahre Universitätslehrgang			
Portugal	ja			Lizentiat, Master, PhD		
Schweden	ja			Master/PhD		3-wöch. päd. Fortbildung
Spanien	ja					

*: In Deutschland und Luxemburg gibt es verschiedene Qualifizierungswege

4.2 Ergebnisse nach Ländern

4.2.1 Belgien

Berufsstruktur
In Belgien gibt es zwei Berufe in der Krankenpflege, Practical Nurse und Professional Nurse. Practical Nurses arbeiten in der allgemeinen Pflege im Krankenhaus oder in der Psychiatrie, Professional Nurses sind in denselben Bereichen tätig, nur ihnen stehen aber bestimmte Spezialisierungen und Weiterbildungen offen, darüber hinaus gibt es für sie die Möglichkeit zu postgraduierten Studien an der Universität.

Der Hebammenberuf wird als gesonderter Beruf betrachtet, die Ausbildung findet weitgehend in einem speziellen Ausbildungsgang statt.

Pflegeausbildung
Während die Berufsausübung in den Pflegeberufen auf Bundesebene (Royal Decree No. 78 von 1967 mit Änderungen 1974, 1990 und 1994) geregelt ist, sind für die Berufsausbildung die drei Sprachgemeinschaften (flämisch, französisch, deutsch) zuständig, so dass es hier einige Unterschiede gibt.

Ziele und Inhalte
Hinsichtlich der Ziele und Inhalte ist zu unterscheiden zwischen den beiden Ausbildungsgängen Practical Nurse und Professional Nurse und innerhalb der Ausbildung zur Practical Nurse zwischen den beiden möglichen Schwerpunkten Krankenhaus und Psychiatrie. Außerdem sind die Ziele und Inhalte in den Sprachgemeinschaften etwas unterschiedlich und sie sind auch unterschiedlich differenziert aufgeschlüsselt.

Für die Ausbildung zur Practical Nurse mit dem Schwerpunkt Krankenhaus sind in einem Erlass der Regierung der deutschsprachigen Gemeinschaft zur Festlegung der Bedingungen für die Verleihung des Brevets in Krankenpflege vom 13. Juni 1997 Endziele und Zwischenziele formuliert. Die Endziele sind:
- die individuellen oder gemeinschaftlichen Gesundheitsbedürfnisse zu identifizieren
- die Gesundheit zu fördern und Krankheiten vorzubeugen
- durch ein Problemlösungsverfahren die Krankenpflege zu planen, zu koordinieren, durchzuführen und zu beurteilen
- an der Erstellung, Abfassung und Beurteilung des Krankenpflegedossiers oder jeglichen anderen Datenträgers teilzunehmen
- das Erteilen der Pflege durch einen verantwortungsbewussten, kreativen, ganzheitlichen Umgang mit dem Einzelnen zu beherrschen

- an der Diagnosestellung durch den Arzt oder an der Anwendung der Behandlung verlässlich und unter Beachtung der ärztlichen Verordnung mitzuwirken
- an der Organisation der Krankenpflegedienste und an der Gesundheitserziehung mitzuwirken.

Zwischenziele sind für die einzelnen Ausbildungsjahre im Hinblick auf Kenntnisse, Fähigkeiten und Verhaltensweisen formuliert.

Hauptunterrichtsbereich für den schulischen Unterricht sind hier Pflegewissenschaften, Grundwissenschaften (humanbiologische Grundlagen, medizinische Fachgebiete) und Sozialwissenschaften, zu diesen Bereichen sind jeweils für die drei Ausbildungsjahre Unterthemen angegeben.

Für die Ausbildung zur Professional Nurse werden in der deutschen Sprachgemeinschaft aufgrund der anderen Anbindung (s. u.) keine derartig differenzierten Ziele angegeben. Der theoretische Unterricht umfasst hier ebenfalls Krankenpflege, Biomedizin, Human- und Sozialwissenschaften. Für den klinischen Unterricht sind folgende Einsatzbereiche festgelegt:
- Allgemeinmedizin und medizinische Fachrichtungen
- allgemeine Chirurgie und chirurgische Fachrichtungen
- Kinderpflege und Kinderheilkunde
- Hygiene und Pflege von Mutter und Neugeborenem
- geistige Gesundheit und Psychiatrie
- Altenpflege und Geriatrie
- Heimpflege.

Ausbildungsniveau und Ausbildungsorganisation
Die Ausbildung zur Practical Nurse findet auf Sekundarschulebene, die zur Professional Nurse auf Hochschulebene (Hogeschoolen) statt.

Eingangsvoraussetzung für die Sekundarschulausbildung ist das Abschlusszeugnis der Oberstufe des Sekundarunterrichts (= Abitur) oder das Studienzeugnis des sechsten Jahres des berufsbildenden Vollzeitsekundarunterrichts oder eine vergleichbare Qualifikation. Die Ausbildung dauert drei Jahre, wobei das erste Jahr der gemeinsamen Grundausbildung dient, während im zweiten und dritten Jahr einer der beiden Schwerpunkte Krankenhaus oder Psychiatrische Pflege gewählt wird. In der Ausbildung wechseln schulische und klinische Ausbildungsphasen einander ab, der Anteil der klinischen Ausbildung an den gesamten Ausbildungsstunden steigt vom ersten bis zum dritten Jahr.

Bei erfolgreichem Abschluss wird das „Brevet in Krankenpflege" verliehen, wer den Schwerpunkt Krankenhaus gewählt hatte, erhält die Bezeichnung „Brevetierter Krankenpfleger", wer den anderen Schwerpunkt gewählt hatte, „Brevetierter Krankenpfleger– Geistesgesundheit und Psychiatrie".

4.2 Ergebnisse nach Ländern: Belgien

Eingangsvoraussetzung für die hochschulische Ausbildung zur Professional Nurse ist der Abschluss der Oberstufe des Sekundarunterrichts nach zwölf Schuljahren (= Abitur). Auch dieser Ausbildungsgang dauert drei Jahre. In den französisch- und deutschsprachigen Landesteilen findet im ersten Jahr eine gemeinsame Ausbildung für Professional Nurses und Hebammen statt, im flämischen Teil sind diese beiden Ausbildungsgänge von Anfang an getrennt. Auch hier wechseln sich (hoch-) schulische und klinische Phasen ab, und der Praxisanteil nimmt im Verlauf des Studiums zu. Die Ausbildung schließt mit dem Diploma als „Graduate Nurse" ab, dieser Abschluss berechtigt zu postgradualem Studium an einer Universität (Licentiate in medico-social sciences, PhD in Public Health).

Ausbildung der Lehrkräfte

Qualifikationsniveau
Die Ausbildung der Lehrkräfte für den Pflegebereich entspricht in Belgien den allgemeinen Vorgaben für die Qualifizierung von Lehrkräften im berufsbildenden Bereich. Dabei gibt es Unterschiede zwischen der erforderlichen Vorbildung für Lehrkräfte im ergänzenden berufsbildenden Sekundarunterricht und für Lehrkräfte an Hogescholen.

Wer im ergänzenden Sekundarunterricht tätig werden will, muss graduierte Pflegekraft sein, also eine Pflegeausbildung an einer Hogeschool absolviert haben, und muss außerdem eine pädagogische Zusatzqualifikation vorweisen, die für Lehrkräfte aller Fächer in Abendkursen erworben werden kann.

Lehrkräfte an Hogescholen müssen dagegen neben der Graduierung als Pflegekraft ein abgeschlossenes fachbezogenes 2-zyklisches Studium (Studium der langen Form) in Gesundheitswissenschaften/Pflegewissenschaften und ein spezielles Lehrerstudium nachweisen.

Ziele, Inhalte und Organisation
Entsprechende Studiengänge gibt es in Belgien an drei Universitäten, an der Université Catholique von Louvain, an der Université Libre von Bruxelles und der Université Catholique de Leuven.

Die katholische Universität Leuven bietet ein vierjähriges Programm „medisch-sociale wetenschappen" mit dem Schwerpunkt Pflegewissenschaft an, das in zwei Zyklen unterteilt ist, von denen der erste mit einer Kandidatur, der zweite mit einem Lizentiat abschließt. Hebammen und graduierte Pflegekräfte können unmittelbar in das zweite Jahr der Kandidatur einsteigen, so dass sich für sie diese Ausbildung auf drei Jahre verkürzt. Das Programm soll Pflegekräfte auf die folgenden Funktionen vorbereiten:

- Leitung
- hochschulische Lehre (Lektor, Praktikumsbegleiter)
- Pflegespezialist.

Inhaltliche Schwerpunkte liegen sowohl in naturwissenschaftlichen Grundlagenfächern und klinisch orientierten Fächern als auch in Managementfächern. Im vierten Ausbildungsjahr, dem zweiten Jahr des Lizentiats, können die Studierenden eine von vier Orientierungen wählen:
- Krankenpflege (medisch-heelkundige verpleegkunde),
- geriatrische Pflege,
- psychiatrische Pflege oder
- Krankenhaushygiene.

Das Fachstudium wird für angehende Lehrkräfte an Hogescholen in Leuven im zweiten Zyklus, d. h. in den beiden letzten Jahren, kombiniert mit einer speziellen akademischen Lehrerausbildung für medisch-sociale wetenschappen. Diese Ausbildung kann aber auch auf die fachwissenschaftliche Ausbildung folgen und kann dann in einem Jahr abgeschlossen werden. Das Programm besteht aus vier Teilen:
1. Brückenfächer
2. theoretische Fächer speziell für die Lehrerausbildung (allgemeine Didaktik, allgemeine und historische Pädagogik, Fachdidaktik)
3. pädagogische Praxis und
4. Praktikum.

In Louvain führt ein zweijähriger Lizentiatkurs „licence en sciences de la santé publique, orientation gestion des institutions de soins" (Lizentiat in Gesundheitswissenschaften, Schwerpunkt Leitung von Pflegeeinrichtungen) in Kombination mit einem speziellen pädagogischen Kurs „agrégation de l'enseignement secondaire supérieur, orientation ‚soins infirmiers'" (höheres Lehramt, Fachrichtung Krankenpflege) zu einer einschlägigen Qualifizierung. Eingangsvoraussetzung für das Fachstudium ist der Abschluss einer entsprechenden Kandidatur oder eine vergleichbare Qualifikation (Vorbereitungskurs oder Graduierung in Pflege plus Diplom als „cadre hospitalier"). Der pädagogische Teil ist, wie dem Studienprogramm der École de santé publique in Louvain zu entnehmen ist, belgischen Staatsangehörigen vorbehalten, die sowohl eine Graduierung in Pflege als auch ein paralleles oder abgeschlossenes Fachstudium der beschriebenen Ausrichtung nachweisen können. Das Fachstudium bezieht sich im obligatorischen Teil entsprechend der Ausrichtung auf Pflegemanagement primär auf organisatorische, betriebswirtschaftliche, ethische und rechtliche Themen, im Wahlbereich gibt es zwei Schwerpunkte (Sozial- und Gesundheitswissenschaften und Gerontologie). Der pädagogische Teil umfasst acht eher ziel- und praxisbezogene als erziehungswissenschaftliche Module und Praxisphasen.

Ähnlich aufgebaut ist der kombinierte Studiengang der Université Libre de Bruxelles, allerdings gibt es hier in den Studiengangsinformationen keinen Hinweis, dass der pädagogische Teil nur belgischen Staatsangehörigen zugänglich sei.

4.2.2 Dänemark

Berufsstruktur

Pflege wird in Dänemark den Gesundheitsberufen zugerechnet. Das Bildungssystem für diese Berufe ist in vier Ebenen gegliedert. In die unterste Ebene, die Ebene 0, das Einstiegsjahr, kann eintreten, wer die neunjährige Elementarschule absolviert hat. Für die Ebene 1 ist ebenfalls ein Jahr angesetzt, sie schließt mit der Qualifikation „social and health service help" ab. Die darüberliegende Ebene 2 umfasst anderthalb Jahre, der entsprechende Abschluss lautet „social and health service assistant". Die eigentliche Pflegeausbildung ist ebenso wie die Hebammenausbildung (und die in Physiotherapie und Radiographie) der obersten Ebene, Ebene 3, zugeordnet.

Pflegeausbildung

Ziele und Inhalte
Ziele und Inhalte der Pflegeausbildung sind ebenso wie Zugangsvoraussetzungen, Ausbildungsstruktur, Leistungsüberprüfung und Pflichten der Ausbildungsinstitutionen im Order on the Education of Nurses von 1990 festgelegt, das wiederum auf das Dänische Krankenpflegegesetz (The Nurses' Act) von 1979 mit Änderungen aus dem Jahre 1986 und die EC-Richtlinien Bezug nimmt.

Allgemeine Ausbildungsziele sind der Erwerb der erforderlichen persönlichen und beruflichen Qualifikationen, um als Krankenschwester bzw. Krankenpfleger arbeiten zu können sowie die Befähigung zu Zusammenarbeit und zu beruflichen Innovationen entsprechend den wissenschaftlichen und sozialen Entwicklungen.

In Theorie und Praxis soll sich die Ausbildung mit der Pflege gesunder, gesundheitlich gefährdeter und akut oder chronisch, psychisch oder somatisch erkrankter Menschen befassen. Die Ausbildung soll sich auf Menschen aller Altersgruppen, in Privatwohnungen, am Arbeitsplatz, im Krankenhaus oder in anderen Institutionen beziehen.

Das zuständige Ministerium macht Vorgaben hinsichtlich der Themenfelder für Theorie und Praxis und der Gewichtung der Themen.

Für die theoretische Ausbildung sind drei große Bereiche mit folgenden Anteilen vorgesehen:
- Krankenpflege und andere Gesundheitswissenschaften: 60 %
- Naturwissenschaften: 20 %
- Geistes- und Sozialwissenschaften: 20 %.

Diesen Feldern sind bestimmte Themen/Fächer zugeordnet.

Bei der praktischen Ausbildung entfällt ein Anteil von einem Viertel auf die Pflege von gesunden Menschen und von Menschen, deren Gesundheit gefährdet ist, die restlichen drei Viertel sind für die krankenpflegerische Versorgung von Menschen

mit akuten oder chronischen, somatischen oder psychischen Erkrankungen vorgesehen. Die praktische Ausbildung soll sich auf folgende Bereiche erstrecken:
- Entbindungspflege
- Kinderpflege und Pädiatrie
- Allgemeine und Spezielle Medizin
- Allgemeine und Spezielle Chirurgie
- Geistige Gesundheit und Psychiatrie
- Pflege alter Menschen und Geriatrie
- Primary Health Care.

Die Ausbildungsinstitutionen sind verpflichtet, die detaillierte Ausbildungsplanung in Form eines Curriculums vorzulegen.

Ausbildungsniveau und Ausbildungsorganisation
Pflege- und Hebammenausbildung finden im tertiären Bildungsbereich statt, die angehenden Pflegekräfte haben damit Studierendenstatus. Eingangsvoraussetzung ist der Abschluss der Klasse 12 oder die Qualifikation als „Social and Health Service Assistant". Bei erfolgreichem Abschluss der Ausbildung wird ein „Bachelor Degree in Nursing Science" und damit die Berechtigung zur Registrierung beim National Board of Health erworben. Eine Weiterqualifizierung zum „Master of Nursing Science" ist möglich.

Die Ausbildung dauert insgesamt 45 Monate; sie ist in drei Abschnitte mit steigendem Schwierigkeitsgrad unterteilt, wobei es im letzten Teil um die eigenständige Pflege geht. Nach jedem der drei Hauptabschnitte finden zu den theoretischen Ausbildungsinhalten externe Prüfungen statt; die Prüfer sind vom Ministerium ernannt. Im Rahmen der praktischen Ausbildung gibt es ebenfalls nach jedem Hauptabschnitt Prüfungen, diese sind aber intern. Zum erfolgreichen Abschluss der Ausbildung müssen alle Prüfungen bestanden sein. Hinsichtlich des Umfangs stehen theoretische und praktische Ausbildung im Verhältnis 5 : 4.

Ausbildung der Lehrkräfte

Qualifikationsniveau
Aufgrund der 1990 erfolgten Verlagerung der Pflegeausbildung in den tertiären Bereich gibt es keine engen staatlichen Vorgaben zur Qualifikation der Lehrkräfte. Von den Lehrkräften wird allerdings erwartet, dass sie mindestens einen einschlägigen Master-Abschluss haben.

An der School of Advanced Nursing Education an der Universität Aarhus mit einer Zweigstelle in Kopenhagen kann ein spezieller Studiengang (Diploma Course in Nursing with Specialisation in Education and Teaching) absolviert werden.

Ziele, Inhalte und Organisation
Aus den Informationsunterlagen der Hochschule geht hervor, dass dieser Studiengang die Studierenden durch weitergehende Studien der Pflegewissenschaft und Pflegepädagogik befähigen soll:
- Kursplanung und Unterricht an Schulen, die Assistenten innerhalb des Sozial- und Gesundheitsbereichs ausbilden, und an Pflegeschulen zu übernehmen
- beizutragen zur kontinuierlichen Entwicklung des Pflegeberufs sowie zur Entwicklung von Unterricht und Ausbildung von Pflegekräften in Übereinstimmung mit den Bedürfnissen und Wünschen der Bevölkerung.

Der Studiengang dauert ein akademisches Jahr und ist auf einen Umfang von insgesamt 760 Stunden veranschlagt, von denen 240 auf Lehrveranstaltungen entfallen. Zum Studium gehört ein einwöchiges Praktikum, entweder an einer Schule zur Ausbildung von Assistenten im Sozial- und Gesundheitsbereich oder an einer Pflegeschule.

Im ersten Semester werden folgende Ziele verfolgt:
- Wissenszuwachs hinsichtlich der Grundlagen von Werten in der Pflege und der Konzeptionalisierung und Theoriebildung aus historischer Perspektive
- Beurteilung und Begründung pflegerischer Theorien und Methoden aus gesellschaftlicher Perspektive, ausgehend von praktischer Pflegeerfahrung.

Die Inhalte liegend entsprechend vorwiegend im pflegewissenschaftlichen Bereich:
- Geschichte der Pflege ca. 40 Stunden
- Entwicklung von Konzepten und Theorien in der Pflege ca. 130 Stunden
- ausgewählte wissenschaftliche begründete Methoden in der professionellen Pflege ca. 30 Stunden
- Pflegeforschung als Mittel zur Entwicklung einer
- Wissensbasis für den Pflegeberuf ca. 40 Stunden.

In der zweiten Ausbildungshälfte sollen die Studierenden durch vertieftes Studium erziehungswissenschaftlicher Prinzipien im Pflegebereich in die Lage versetzt werden:
- eine Analyse und Einschätzung pflegerischer und pädagogischer Prinzipien im Hinblick auf die Planung und Durchführung, den Unterricht und die Bewertung von Ausbildungsprogrammen in der Pflege vorzunehmen

- in kooperative Beziehungen einzutreten, die für die Ausbildungsplanung und die Entwicklung einer stimulierenden Lernumwelt wichtig sind
- teilzunehmen an der fortlaufenden Entwicklung von Pflege, Erziehung und Unterrichtspraxis.

Die Inhalte sind hier:
- Ausbildungsplanung ca. 115 Stunden
- Erziehungstheorie und Erziehungsprinzipien ca. 50 Stunden
- Praktische Unterrichtsmethoden ca. 75 Stunden.

4.2.3 Deutschland

Berufsstruktur

In Deutschland gibt es mehrere Berufe im Pflegebereich mit gesonderten Ausbildungsgängen, dabei sind die Abgrenzungen zu anderen Berufsfeldern unscharf. Durchgängig werden Kranken- und Kinderkrankenpflege dem Berufsfeld Pflege zugerechnet, meist auch Hebammenwesen und Altenpflege. Gelegentlich werden auch Haus- und Familienpflege, Dorfpflege und Heil- und Erziehungspflege als Pflegeberufe bezeichnet, diese Berufe werden in der Regel aber eher dem hauswirtschaftlichen bzw. pädagogischen Bereich zugeordnet und bleiben deshalb hier unberücksichtigt. Verzichtet wird hier auch auf eine Darstellung kurzer Ausbildungsgänge auf Helferniveau.

Pflegeausbildung

Ziele und Inhalte

Die Kranken- und Kinderkrankenpflege ist einschließlich der Ausbildung bundeseinheitlich durch das Gesetz über die Berufe in der Krankenpflege von 1985 (KrPflG) und die zugehörige Ausbildungs- und Prüfungsverordnung für die Berufe in der Krankenpflege (KrPflAPrV) geregelt. Als Ausbildungsziel und zugleich Berufsbild für beide Berufe wird dabei in § 4 des Krankenpflegegesetzes zunächst allgemein genannt: „verantwortliche Mitwirkung bei der Verhütung, Erkennung und Heilung von Krankheiten". Der spezifische Beitrag von Kranken- und Kinderkankenpflege wird aus dieser Formulierung noch nicht deutlich; es folgt daher eine Aufzählung von Tätigkeiten, an die insbesondere gedacht ist:
1. „die sach- und fachkundige, umfassende, geplante Pflege des Patienten
2. die gewissenhafte Vorbereitung, Assistenz und Nachbereitung bei Maßnahmen der Diagnostik und Therapie
3. die Anregung und Anleitung zu gesundheitsförderndem Verhalten
4. die Beobachtung des körperlichen und seelischen Zustandes des Patienten und der Umstände, die seine Gesundheit beeinflussen, sowie die Weitergabe dieser Beobachtungen an die an der Diagnostik, Therapie und Pflege Beteiligten
5. die Einleitung lebensnotwendiger Sofortmaßnahmen bis zum Eintreffen der Ärztin oder des Arztes
6. die Erledigung von Verwaltungsaufgaben, soweit sie in unmittelbarem Zusammenhang mit den Pflegemaßnahmen stehen" (KrPflG § 4).

Bundesgesetzlich geregelt ist auch die Ausbildung der Hebammen und Entbindungspfleger. In § 5 des Hebammengesetzes aus dem Jahr 1985 heißt es zum Ausbildungsziel: „Die Ausbildung soll insbesondere dazu befähigen, Frauen während der Schwangerschaft, der Geburt und dem Wochenbett Rat zu erteilen und die not-

4.2 Ergebnisse nach Ländern: Deutschland

wendige Fürsorge zu gewähren, normale Geburten zu leiten, Komplikationen des Geburtsverlaufs frühzeitig zu erkennen, Neugeborene zu versorgen, den Wochenbettverlauf zu überwachen und eine Dokumentation über den Geburtsverlauf anzufertigen". Anders als das Krankenpflegegesetz nennt das Hebammengesetz vorbehaltene Tätigkeiten, und zwar sind die geburtshilflichen Tätigkeiten, von Notfällen abgesehen, außer Ärztinnen und Ärzten Hebammen und Entbindungspflegern vorbehalten, außerdem sind Ärztinnen und Ärzte verpflichtet, dafür Sorge zu tragen, dass bei einer Entbindung eine Hebamme oder ein Entbindungspfleger hinzugezogen wird (§ 4 HebG).

Einen Überblick über die durch die Ausbildungs- und Prüfungsverordnungen für die Berufe in der Krankenpflege und für die Hebammen und Entbindungspfleger bundeseinheitlich vorgegebenen Inhalte gibt Tabelle 4.

Tabelle 4: Übersicht über Stundenzahlen für den theoretischen Unterricht in der Pflegeausbildung.

Fach	Kranken-pflege	Kinder krankenpflege	Hebammen
Berufs-, Gesetzes- und Staatsbürgerkunde	120	120	130
Hygiene und medizinische Mikrobiologie	120	120	120*
Biologie, Anatomie und Physiologie	120	120	120
Fachbezogene Physik und Chemie	40	40	60
Arzneimittellehre	60	60	50
Allgemeine und spezielle Krankheitslehre	360	360	160
Psychologie, Soziologie und Pädagogik	100	100	90
Pflege/Hebammentätigkeiten	480	480	740
Rehabilitation	20	20	20
Organisation und Dokumentation im Krankenhaus	30	30	50
Sprache und Schrifttum	20	20	30
Erste Hilfe	30	30	30
zur Verteilung	100	100	---
Gesamt	**1600**	**1600**	**1600**

*: In der Hebammenausbildung aufgeteilt in „Gesundheitslehre" und „Hygiene und Grundlagen der Mikrobiologie"
  (Quellen: Anlagen 1 und 2 zur Ausbildungs- und Prüfungsverordnung für die Berufe in der Krankenpflege und Anlage 1 der Ausbildungs- und Prüfungsverordnung für Hebammen und Entbindungspfleger)

Die Altenpflegeausbildung ist in Deutschland nicht bundeseinheitlich, sondern auf der Ebene der einzelnen Bundesländer geregelt. Dabei gibt es erhebliche Unterschiede in Dauer, Umfang und inhaltlichen Schwerpunkten. In manchen Ländern entsprechen die Anforderungen an die Altenpflegeausbildung eher den Anforderungen, die andere Länder an die Helferqualifizierung stellen (Forschungsgesellschaft für Gerontologie, 1996, S. 191), und während einige Länder medizinisch-pflegerische Ausbildungsinhalte in den Vordergrund rücken, akzentuieren andere sozialpflegerische Inhalte. Immerhin stimmen die Ländergesetze, die ein Ausbildungsziel formulieren, darin überein, dass die Ausbildung zur selbständigen Betreuung, Pflege und Beratung alter Menschen qualifizieren solle.

Ausbildungsniveau und Ausbildungsorganisation
Die Qualifizierung für einen Pflegeberuf erfolgt in Deutschland als Berufsausbildung und nicht im tertiären Bildungssystem. Während die Berufsausbildung in den meisten anderen Berufen durch ein Bundesgesetz (Berufsbildungsgesetz) geregelt ist, das eine duale Ausbildung in Schule und Betrieb vorsieht, und während auf eine kleinere Zahl von Berufen an Berufsfachschulen vorbereitet wird, die in die schulrechtliche Regelungskompetenz der einzelnen Bundesländer fallen, erfolgt die Ausbildung in Pflegeberufen an sogenannten Schulen des Gesundheitswesens, die sich in der Regel in nicht-öffentlicher Trägerschaft befinden.

Krankenpflege- und Hebammengesetz schreiben die Anbindung der entsprechenden Schulen an ein Krankenhaus vor. Eingangsvoraussetzung ist bei diesen Berufen ein mittlerer Bildungsabschluss, der nach zehnjährigem Schulbesuch erworben werden kann. In der Altenpflege variieren die Eingangsvoraussetzungen zwischen den Bundesländern.

Die Dauer der Ausbildung beträgt in Kranken-, Kinderkranken- und Entbindungspflege drei Jahre, in der Altenpflege liegt sie bei zwei oder drei Jahren je nach Bundesland. In den drei zuerst genannten Berufen wechseln sich schulische (eher theoretische) und betriebliche (berufspraktische) Ausbildungsphasen ab; in der Altenpflege gibt es in einigen Ländern vergleichbare Organisationsformen, in anderen konzentriert sich der theoretische Teil auf den ersten Ausbildungsabschnitt, der praktische Teil dann in Form eines Berufspraktikums auf den zweiten Abschnitt.

Ausbildung der Lehrkräfte

Qualifikationsniveau
Lehrkräfte an öffentlichen beruflichen Schulen werden in Deutschland nach einem bestimmten Standard ausgebildet (Rahmenvereinbarung der Kultusministerkonferenz vom 12.5.1995): Notwendig sind ein einjähriges berufliches Praktikum, ein neunsemestriges Studium an einer Universität oder einer vergleichbaren Hochschule (wobei das Studium ein erstes Unterrichtsfach oder eine berufliches Fachrichtung umfasst, ein zweites Fach oder eine zweite berufliche Fachrichtung und erziehungswissenschaftliche Inhalte) und ein zweijähriges Referendariat an einer Schule zum Erwerb unterrichtspraktischer Fertigkeiten. Da die Pflegeausbildung außerhalb des öffentlichen Bildungssystems erfolgt, weichen auch die Lehrerqualifikation und die Bezahlung der Lehrkräfte von diesem Standard ab.

Bis Mitte der Neunzigerjahre erfolgte die Qualifizierung der Pflegelehrerinnen und Pflegelehrer, zumindest in den westdeutschen Bundesländern, in der Regel über eine Weiterbildung. Inzwischen gibt es aber daneben Studiengänge an Universitäten (Berlin, Bremen, Halle, Osnabrück) und Fachhochschulen (Bielefeld, Freiburg, Köln, Ludwigshafen, Mainz, Münster, Osnabrück). Die Lehrerausbildung in Bremen und Osnabrück entspricht dem beschriebenen allgemeinen Modell der Lehrerqualifikation, die anderen Studiengänge an Universitäten und Fachhochschulen sind einphasige Ausbildungsgänge.

Ziele, Inhalte und Organisation
In den Weiterbildungslehrgängen sollen berufserfahrene Pflegekräfte vor allem für den Unterricht im Fach Pflege qualifiziert werden. Dauer und Inhalte der Weiterbildung variieren beträchtlich. In der Regel findet die Ausbildung als zweijähriger Vollzeitlehrgang statt, z. T. werden auch berufsbegleitende Lehrgänge angeboten. Zulassungsvoraussetzungen sind meist eine abgeschlossene Berufsausbildung in einem Pflegeberuf und eine mehrjährige Berufserfahrung nach Abschluss der Ausbildung.

Entsprechend der Zielsetzung der Weiterbildung und im Hinblick auf die Kürze der verfügbaren Zeit liegt das Schwergewicht in der Regel im pädagogischen, insbesondere im didaktischen Bereich. Die Weiterbildung umfasst neben theoretischen Anteilen Unterrichtspraktika. Pflegerische und pflegewissenschaftliche Themen spielen meist nur eine untergeordnete Rolle.

Die Weiterbildungsinstitute sind keine öffentlichen Einrichtungen, so dass die Kosten in zum Teil fünfstelliger Höhe in der Regel von den Teilnehmerinnen und Teilnehmern aufgebracht werden müssen, sofern sie nicht durch Arbeitsverwaltung oder Rehabilitationsträger, gelegentlich auch durch Arbeitgeber, übernommen werden.

Die hochschulischen Ausbildungsgänge sind hingegen gebührenfrei. Ihre Ziele reichen über die Qualifizierung für die Erteilung des Pflegeunterrichts hinaus, hinsichtlich der zusätzlichen Unterrichtsfächer sehen manche Studiengänge ein 2. Fach oder eine Vertiefung in einem bestimmten Bereich vor. Im Übrigen gibt es aber auch zwischen den Hochschulen beträchtliche Unterschiede im Umfang, den Inhalten und der Organisation der Lehrerausbildung. Diese Unterschiede hängen zum Teil mit unterschiedlich gewachsenen Strukturen in den östlichen und den westlichen Bundesländern, zum Teil aber auch mit der Entscheidung der einzelnen Bundesländer zusammen, ob die Ausbildung an einer Universität oder an einer Fachhochschule angesiedelt werden soll. Die Angaben sind den Studien- und Prüfungsordnungen bzw. sonstigen Informationsmaterialien und entsprechenden Angaben der einzelnen Hochschulen im Internet mit Stand Herbst 1998 entnommen.

An der Humboldt-Universität in Berlin und an der Universität Halle-Wittenberg konnte auf die in DDR-Zeiten entwickelte Ausbildung Diplom-Medizinpädagogik zurückgegriffen werden. Dabei handelt es sich um eine einphasige Lehrerausbildung mit integrierten pädagogischen Praxisphasen. Beide Universitäten bieten eine berufsbegleitende Ausbildung an, in Berlin gibt es außerdem einen entsprechenden Präsenzstudiengang. Während aber Halle mit einer Gesamtsemesterwochenstundenzahl von 64 mit Abstand den geringsten Studienumfang aller hochschulischen Lehrerausbildungen im Pflegebereich vorsieht, liegt Berlin mit 160 Semesterwochenstunden im oberen Bereich der zeitlichen Anforderungen.

Auch die Fachhochschulen bieten einphasige Ausbildungsgänge an. Eingangsvoraussetzung ist hier ebenfalls immer eine abgeschlossene Berufsausbildung Die Studiengänge an den katholischen Fachhochschulen in Freiburg, Köln und Osnabrück verstehen sich als berufsbegleitende Studiengänge, der Studiengang an der Katholischen Fachhochschule in Mainz ist im Hauptstudium berufsbegleitend angelegt. Tatsächlich sind aber Umfang und Dauer an allen Fachhochschulen ähnlich: Die Dauer beträgt in der Regel vier Jahre, der Umfang variiert zwischen 139 und 153 Semesterwochenstunden. Die Unterschiede zwischen den als berufsbegleitend (s. o.) und den als Vollzeitstudiengang (Bielefeld, Ludwigshafen, Münster) ausgewiesenen Studiengängen liegt daher vornehmlich in der eher blockweisen oder eher über das Jahr verteilten Organisation der Präsenzzeiten. In inhaltlicher Hinsicht unterscheiden sich die Studiengänge. Manche weisen ein stärker pflegerisches Profil auf, das auch darin zum Ausdruck kommt, dass die Ausbildung zum Teil gemeinsam mit dem Studiengang Pflegemanagement erfolgt (z. B. Ludwigshafen, Mainz, Münster), andere haben eine stärker pädagogische Orientierung, die sich etwa in einer intensiven Unterrichtsanleitung durch die Hochschule im Praxissemester zeigt (z. B. Bielefeld). Bis auf Mainz und Osnabrück sehen alle Fachhochschulen ein pädagogisches Praxissemester vor, in Ludwigshafen beinhaltet das Studium zwei Praxissemester.

In Bremen und Osnabrück bieten die Universitäten Lehramtsstudiengänge mit dem Hauptfach Pflegewissenschaft an, die der oben beschriebenen Struktur zweiphasiger Lehramtsstudiengänge entsprechen: Zusätzlich zu diesem Hauptfach werden Erziehungswissenschaft und ein zweites Fach studiert, das aus einer Liste von Kombinationsfächern gewählt werden kann. Der Studiengang an der Universität in Osnabrück verlangt eine abgeschlossene pflegerische Berufsausbildung vor Aufnahme des Studiums, derjenige in Bremen ein einjähriges Praktikum im Pflegebereich. Da der unterrichtspraktische Teil der zweiphasigen Ausbildung hier nicht, wie sonst üblich, an öffentlichen Schulen erfolgen kann, wirft die Organisation dieses Ausbildungsabschnitts besondere Probleme auf. Aufgrund der Neuheit der Studiengänge liegen hier aber, ebenso wie bei den meisten Fachhochschulen, noch keine Erfahrungen mit Absolventinnen und Absolventen vor.

Literatur

Forschungsgesellschaft für Gerontologie (1996). Strukturreform der Pflegeausbildungen. Herausgegeben vom Ministerium für Arbeit, Gesundheit und Soziales des Landes Nordrhein-Westfalen. Ahaus: Hartmann.

4.2.4 Finnland

Berufsstruktur
Drei Pflegeberufe werden unterschieden:
- Krankenschwester/Krankenpfleger, verantwortlich für die allgemeine Pflege
- Hebamme
- Public Health Nurse.

Pflegeausbildung

Ziele und Inhalte
Das finnische Bildungsministerium macht Vorgaben für das Curriculum im Hinblick auf den Umfang der theoretischen und praktischen Ausbildung und die Länge der Ausbildung. Im übrigen sind die Hochschulen weitgehend unabhängig in der Ausgestaltung des Curriculums, so dass es hier erhebliche Unterschiede zwischen den verschiedenen Studiengängen gibt.
Eine Spezialisierung ist in der Grundausbildung nicht vorgesehen. Es gibt jedoch Wahlkurse (z. B. in Erwachsenenpflege, pädiatrischer Pflege oder psychiatrischer Pflege), die allerdings nur ungefähr zehn Wochen umfassen.

Ausbildungsniveau und Ausbildungsorganisation
Die Pflegeausbildung ist in Finnland in den Neunzigerjahren an Polytechnics verlagert worden. Die letzten nicht hochschulisch ausgebildeten Pflegekräfte werden 1999 ihre Ausbildung abschließen.
Die Ausbildung in der allgemeinen Pflege dauert 3,5 Jahre. Gefordert werden 140 Credits, wobei ein Credit etwa 40 Stunden studentischer Arbeit entspricht und ein akademisches Jahr mit 40 Credits angesetzt wird. Hinzu kommt der praktische Ausbildungsteil. Der Ausbildungsgang untergliedert sich in:
- Grundlagenstudium (z. B. Kommunikation, Grundlagen der Forschung, Grundlagen der Pflege), ca. 30 Credits
- professionelle Pflege (z. B. Pflegende als Praktiker, Pflege als Profession), ca. 90 Credits
- optionale Studien, ca. 10 Credits
- Abschlussarbeit, ca. 10 Credits und
- Supervidierte Praxis, ca. 50 Credits.

Zahlreiche Polytechnics bieten englischsprachige Studiengänge an.

Die Ausbildung als public health nurse dauert ebenso lang wie die in der allgemeinen Pflege, die Ausbildung als Hebamme dauert 4,5 Jahre, da hier ein Jahr mehr an supervidierter Praxis verlangt wird.

Neben der fachhochschulischen Ausbildung an 21 Polytechnics gibt es eine Helferausbildung im Bereich der Sekundarausbildung.

Ausbildung der Lehrkräfte

Qualifikationsniveau
Eine Lehrtätigkeit im Pflegebereich an einer Fachhochschule setzt voraus:
- eine Fachhochschul-Graduierung in Pflege
- eine mindestens zweijährige pflegerische Berufserfahrung und
- einen Master-Abschluss in nursing science oder health care science mit einer Spezialisierung auf Lehre.

Das Master-Programm dauert regulär vier Jahre und kann für Fachhochschulabsolventen verkürzt werden.

Ziele, Inhalte und Organisation
Masterprogramme zur Qualifizierung von Lehrkräften in der Pflegeausbildung werden von sechs Universitäten angeboten:
- Jyväskulä
- Kuopio
- Oulu
- Tampere
- Turku und
- Vaasa.

Diese Programme sind ähnlich aufgebaut. Es handelt sich jeweils um Degree-Studiengänge in nursing-science oder caring science, bei denen zwischen drei Spezialisierungen gewählt werden kann:
- Pflegemanagement
- klinischer Pflegeexpertise und
- Pflegelehre.

Die Spezialisierung in Pflegelehre beinhaltet einen unterrichtspraktischen Anteil von 35 Wochen.

Als ein Beispiel sei das Master-Programm der Universität Kuopio angeführt. Im Department of Nursing Science werden folgende Master-Studiengänge angeboten:

- nurse teacher education
- primary health care (preventive nursing)
- nursing leadership.

Gemeinsames Hauptfach ist Pflegewissenschaft; gemeinsam ist allen Studiengängen außerdem der Bereich der allgemeinen Studien. Nebenfach ist bei der Lehrerausbildung Pädagogik und Pflegedidaktik, bei der Spezialisierung auf präventive Pflege Gesundheitsversorgung und bei Pflegemanagement Verwaltung (administration). Alle drei Studiengänge sind in Module unterteilt, denen Credit-Punkte und Punkte nach dem European Credit Transfer System zugeordnet sind. Das Lehrerausbildungsprogramm besteht aus folgenden Teilen und Modulen:

1. Allgemeine Studien
1.1 Einführung in das Universitätsstudium
1.2 Wissenschaftliche Grundlagen (Philosophie, Ethik, Statistik, Logik, mündliche und schriftliche Kommunikation, Informationsbeschaffung, ADP, EDV)
1.3 Sprachen (Schwedisch, Englisch)
1.4 Andere allgemeine Studien
2. Grundlagen der Pflegewissenschaft
3. Fachbezogene Studien (Hauptfach)
4. Pädagogik und Pflegedidaktik
4.1 Grundlagen der Pädagogik
4.2 Fortgeschrittene Studien in Pädagogik und Pflegedidaktik
4.2.1 Ausbildung in der Gesundheitsversorgung und Einführung in die Tätigkeit eines Lehrers
4.2.2 Lernen und Unterrichten – Grundlagen des Lehrerberufs
5. Fortgeschrittene Studien in Pflegewissenschaft und Pflegedidaktik
5.1 Fortgeschrittene Studien in Pflegewissenschaft
5.2 Lehrer als Forscher und Entwickler seiner Arbeit
6. Alternative fortgeschrittene Studien.

4.2.5 Frankreich

Berufsstruktur
Die Pflegeberufe werden in Frankreich den paramedizinischen Berufen zugerechnet. Zu den Pflegeberufen zählen:
- Pflegehelfer (aide-soignant)
- Säuglingsschwesternhelfer (auxiliaire de peuriculture) und
- Krankenpfleger/Krankenschwester.

Die beiden Helferausbildungen dauern ein Jahr, auf diese Ausbildungsgänge soll hier, wie bei den anderen Ländern auch, nicht näher eingegangen werden.
Aufbauend auf eine Ausbildung in der Krankenpflege kann eine Spezialausbildung absolviert werden in:
- Anästhesie
- OP oder
- Kinderkrankenpflege.

Hebammen zählen in Frankreich nicht zu den paramedizinischen, sondern zu den medizinischen Berufen.

Pflegeausbildung

Ziele und Inhalte
Das Berufsbild und damit die Ausbildungsziele sind im Décret Nr. 93-345 vom 15.März 1993 beschrieben. In Artikel 1 werden dort folgende Aufgaben genannt:
- die Gesundheit von Personen oder die Autonomie ihrer vitalen physischen oder psychischen Funktionen zu schützen, zu erhalten, wiederherzustellen und zu fördern unter Berücksichtigung der individuellen Persönlichkeit mit ihren besonderen psychischen, sozialen, ökonomischen oder kulturellen Merkmalen
- dem Leiden und der Not von Personen vorzubeugen oder diese einzuschätzen und an ihrer Linderung mitzuwirken
- mitzuwirken bei der Sammlung von Informationen und bei Methoden zur Erstellung der ärztlichen Diagnose
- mitzuwirken bei der Einschätzung des Grades der Abhängigkeit von Personen,
- medizinische Verordnungen und Dokumentationen durchzuführen
- mitzuwirken bei der klinischen Überwachung von Patienten und der Durchführung therapeutischer Maßnahmen
- den Verbleib, die Eingliederung oder Wiedereingliederung von Personen im familiären und sozialen Umfeld zu fördern

- Menschen am Ende ihres Lebens, und soweit nötig auch deren Angehörige, zu begleiten.

Die Pflegeausbildung ist, gemeinsam mit anderen nicht-ärztlichen Heilberufen, im Code de la Santé Publique gesetzlich geregelt.

Die theoretische Ausbildung besteht aus Modulen, die in der Regel 80 Unterrichtsstunden umfassen. Vorgesehen sind 28 Pflichtmodule, 2 Wahlmodule und 1 fakultatives Modul, bei dem es sich um eine Fremdsprache handelt. Die meisten Module betreffen die Krankenpflege.

Der Bereich Allgemeine Krankenpflege enthält vier Module:
- Konzepte und Theorien der Krankenpflege
- Einführung in die Grundpflege
- Pädagogik
- Einführung in die Krankenpflegeforschung.

Umfangreicher ist der Bereich Spezielle Krankenpflege und Krankheitslehre mit 18 Modulen:
- 17 Krankheitsgebiete einschließlich Schwangerenversorgung und Wochenbettpflege
- Geriatrie.

Nach dem zweiten Ausbildungsjahr sind zwei Vertiefungsmodule zu wählen, dabei stehen folgende Bereiche zur Auswahl:
- Kardiovaskuläre Erkrankungen
- Atemwegserkrankungen
- Traumatologie und Orthopädie
- Erkrankungen des Verdauungstraktes
- Pädiatrie
- Psychiatrie bei Jugendlichen, Erwachsenen und älteren Menschen.

Ausbildungsniveau und Ausbildungsorganisation
Zulassungsvoraussetzungen sind ein Mindestalter von 17 Jahren und das Abitur (baccalauréat) nach 12 Schuljahren oder ein vergleichbarer Schulabschluss. Außerdem muss ein Auswahlverfahren (concours) durchlaufen werden.

Die Ausbildung findet an „instituts de formation en soins infirmiers" statt. Diese Institute sind Einrichtungen der beruflichen Bildung und werden nicht dem Hochschulbereich zugerechnet. Die Ausbildung dauert etwas mehr als drei Jahre (37,5 Monate) und umfasst 4760 Ausbildungsstunden, die sich auf theoretische/schulische und klinische Ausbildungsstunden und Studienzeit verteilen.

Nach erfolgreichem Abschluss der Ausbildung wird ein Staatsdiplom verliehen (Diplôme d' Ètat d'Ìnfirmier).

Ausbildung der Lehrkräfte

Qualifikationsniveau
Es gibt in Frankreich keine spezifische Lehrerausbildung im Pflegebereich. Angeboten wird vielmehr eine Weiterbildung als „cadre de santé", die allen Angehörigen der paramedizinischen Berufe, also z. B. auch Physiotherapeuten und MTAs, offensteht und zugleich für Lehr- und Managementaufgaben qualifizieren soll. Die entsprechenden Weiterbildungseinrichtungen heißen „instituts de formation des cadres de santé".

Ziele, Inhalte und Organisation
Zulassungsvoraussetzungen sind eine abgeschlossene Krankenpflegeausbildung (oder eine andere abgeschlossene Ausbildung in einem paramedizinischen Beruf) und eine mindestens fünfjährige Berufserfahrung. Die Weiterbildung ist für die verschiedenen Berufsgruppen weitgehend identisch. Entsprechend der doppelten Zielsetzung Qualifizierung für Lehr- und Leitungsfunktionen liegt das inhaltliche Schwergewicht auf Management und Pädagogik, hinzu kommen Fragen der Gesundheitspolitik und der Organisation. Pflegerische Themen sind nicht Gegenstand der Weiterbildung. Zur Weiterbildung gehören auch Praxisphasen in Unternehmen, Schule und Krankenhaus.
Der Besuch eines institut de formation des cadres de santé dauert gut neun Monate (42 Wochen) und umfasst 1260 Stunden. Es handelt sich im Regelfall um eine Vollzeitausbildung mit 35 Stunden pro Woche. Es gibt aber auch Teilzeitformen von entsprechend längerer Dauer.
Der modulare Kursaufbau (s. Tabelle 5) ist in allen gegenwärtig 32 Weiterbildungseinrichtungen, die jeweils 30 – 40 Personen jährlich qualifizieren, gleich.
Jedes Ausbildungsmodul wird durch eine Leistungsüberprüfung abgeschlossen. Bei erfolgreichem Abschluss der gesamten Ausbildung wird das „diplôme de cadre de santé" verliehen.

Tabelle 5: Aufbau der Weiterbildung zum cadre de santé.

Modul	Dauer in Stunden	Ziele und Inhalte
1: Einführung in die Kaderfunktion	90	Grundlagen der Psychologie, Soziologie, Kommunikation, Ökonomie, des Rechts, Knaderfunktion, anschließend 1. Praktikum bei einem Unternehmen
2: Öffentliche Gesundheit	90	Kozepte, Prinzipien, Methoden, Indikatoren, aktuelle Probleme, Gesundheitspolitik
3: Einführung in wissenschaftliches Arbeiten	90	Definitionen, theoretische Bezüge, Analyse und Recherche, Erhebungsmethoden, Statistik, Ethik
4: Aufgaben und Funktionen eines cadre de santé	150-180	gesetzliche Grundlagen im Gesundheits- und Sozialwesen, Management, Finanzierung, Organisation und Arbeitsbedingungen, Bewertung beruflicher Tätigkeiten, anschließend Leitungspraktikum im Krankenhaus
5: Pädagogische Funktion	150-180	gesetzliche Grundlagen der Ausbildung, Pädagogik, Auszubildende, Organisation der Aus- und Fortbildung, Planung und Evaluation, Verwaltung, anschließend pädagogisches Praktikum
6: Vertiefung der Kaderrolle	150	Vertiefung der Lehr- und Leitungsfunktion sowie des Moduls zur Öffentlichen Gesundheit

4.2.6 Griechenland

Berufsstruktur
Zur Ausübung eines Pflegeberufes ist in Griechenland eine Lizenz erforderlich, für die eine abgeschlossene Ausbildung entsprechend den EC-Richtlinien Voraussetzung ist. In der Krankenpflege werden zwei Niveaus unterschieden. Die Ausbildung für das erste Niveau erfolgt an Hochschulen (Universität, Technologische Institute), die für das zweite Niveau an beruflichen Schulen.
Die Ausbildung von Hebammen erfolgt in einem gesonderten Ausbildungsgang. Eine spezielle Altenpflegeausbildung gibt es nicht.

Pflegeausbildung

Ziele und Inhalte

Ausbildungsniveau und Ausbildungsorganisation
Die Krankenpflegeausbildung findet in staatlichen Bildungsinstitutionen auf drei verschiedenen Ausbildungsniveaus statt.
Einen universitären Ausbildungsgang Krankenpflege gibt es an der Universität Athen. Die Zulassungsvoraussetzungen entsprechen denen anderer Studiengänge: Gefordert werden der Schulabschluss nach zwölf Schuljahren und die panhellenische Prüfung. Die Studiendauer beträgt vier Jahre. Das Studium schließt mit einem University Degree in Nursing ab, das dem Bachelors Degree entspricht. Das Degree wird vom Bildungsministerium verliehen; für die Lizenz zur Berufsausübung ist das Gesundheitsministerium zuständig. Der universitäre Abschluss führt zur Registrierung auf dem ersten Niveau.
Die Technological Institutes, die Polytechnics oder Fachhochschulen entsprechen, haben dieselben Zulassungsvoraussetzungen wie die Universitäten. Die Studiendauer beträgt 3,5 Jahre, es bestehen aber Pläne, diesen Ausbildungsgang auf vier Jahre zu verlängern. Das Studium schließt mit dem Diploma in Nursing ab. Das Diploma wird vom Bildungsministerium verliehen, auf der Basis dieses Diplomas erfolgt ebenfalls eine Registrierung auf dem ersten Niveau. Dieser Ausbildungsweg ist gegenwärtig derjenige, der am häufigsten gewählt wird.
Der dritte Weg zu einer Krankenpflegeausbildung ist der Besuch einer Nursing School oder Secondary Professional School. Diese Ausbildung ist dem Sekundarbereich zugeordnet. Eingangsvoraussetzung ist der Abschluss der neunten Klasse. Die Ausbildung dauert zwei Jahre und schließt mit einem Certificate in Nursing ab, auf dessen Grundlage die Registrierung auf dem zweiten Niveau beantragt werden kann. Pflegekräfte des zweiten Niveaus arbeiten als Assistentinnen und Assistenten der Pflegekräften des ersten Niveaus. Sie können nicht in Management oder Lehre tätig werden oder in anderen Bereichen mit hoher Verantwortung, wie z. B. Intensivsta-

tionen. Diese Ausbildung entspricht vermutlich dem Helferniveau in einigen anderen Ländern.

Die Hebammenausbildung ist unabhängig von der Krankenpflegeausbildung organisiert und wird an Technological Institutes durchgeführt.

Ausbildung der Lehrkräfte

Qualifikationsniveau
Für Lehrkräfte im tertiären Bereich (Universitäten und Fachhochschulen) gilt allgemein als Voraussetzung der Abschluss eines postgraduierten Studiums. Im Bereich der Pflegeausbildung wird bei klinischen Lehrern ein Master of Science verlangt und bei Dozenten/Professoren ein PhD. Neben der akademischen Qualifikation wird eine Registrierung als Krankenschwester oder Hebamme vorausgesetzt.

Für Lehrkräfte an second level nursing schools gelten andere Voraussetzungen. Diese Lehrenden müssen folgende Nachweise erbringen:
- Registrierung als Krankenschwester oder Hebamme (1. Niveau)
- bei Krankenschwestern Nachweis einer Spezialisierung (Innere Medizin, Chirurgie, Kinderkrankenpflege oder Psychiatrie)
- Nachweis des erfolgreichen Abschlusses von PA.TE.S.

PA.TE.S ist ein Pädagogisches Weiterbildungsinstitut, das von allen Berufsangehörigen besucht werden muss, die in der Berufsausbildung im Sekundarbereich lehren wollen, unabhängig von der Berufsgruppenzugehörigkeit. Die Studiendauer beträgt ein akademisches Jahr für Inhaber eines Diploma (d. h. Absolventen der Technological Institutes) und ein halbes Jahr für Absolventen der Universität mit einem ersten Abschluss.

Ziele, Inhalte und Organisation
Die Qualifikation der Lehrkräfte im tertiären Bereich ist fachbezogen, eine pädagogische Qualifizierung ist hier nicht vorgesehen.

Anders bei den Lehrkräften in der beruflichen Sekundarbildung: Neben einer beruflichen Spezialisierung ist hier eine pädagogische Qualifikation erforderlich, die durch den Besuch von PA.TE.S erworben wird. Die Ausbildung dort ist eine rein pädagogische Weiterbildung.

4.2.7 Großbritannien

Berufsstruktur
Qualifizierung und Berufsausübung von Pflegekräften, Hebammen und Health Visitors sind in einem gemeinsamen Gesetz (Nurses, Midwives and Health Visitors Act, 1979) sowie durch gemeinsame Körperschaften geregelt, es handelt sich aber um gesonderte Ausbildungsgänge.

In der Pflegeausbildung ist außerdem eine Spezialisierung auf einen von vier Bereichen vorgesehen:
- allgemeine Pflege Erwachsener (adult branch)
- psychiatrische Pflege (Mental Health Nursing)
- Behindertenpflege (Mental Handicap Nursing)
- Kinderkrankenpflege (Children's Nursing).

Der erste Bereich beinhaltet auch die Altenpflege. Eine gesonderte Altenpflegeausbildung gibt es nicht, auch keine entsprechende Weiterbildung.

Pflegeausbildung

Ziele und Inhalte
Unterhalb der Gesetzesebene ist die Pflegeausbildung auf beruflicher Ebene geregelt durch UKCC, das
- Mindeststandards für Eingangsvoraussetzungen
- Mindeststandards für Ausbildungsinhalte und
- Mindeststandards für die Qualifikation der Lehrenden

festlegt. Für die Einhaltung der Regelungen und die Erfüllung der Standards sind dann die vier National Boards in England, Nordirland, Schottland und Wales verantwortlich.

Die Ziele der Pflegeausbildung sind von UKCC als Lernergebnisse (learning outcomes) formuliert worden (WNB, 1997):
1. Identifizieren sozialer und gesundheitlicher Auswirkungen von: Schwangerschaft und Mutterschaft; körperlicher und geistiger Behinderung (handicap); Krankheit, Behinderung (disability) oder Altern für den Einzelnen, seine oder ihre Freunde, Familie und soziale Umgebung (community)
2. Erkennen häufiger Faktoren, die das physische, psychische und soziale Wohlbefinden von Patientinnen und Patienten, Klientinnen und Klienten fördern oder beeinträchtigen und Initiieren angemessener Maßnahmen
3. Verwendung relevanter Fachliteratur und Forschung, um die Pflegepraxis auf dem aktuellen Stand zu halten
4. Verständnis für die Einflüsse sozialer, politischer und kultureller Faktoren auf die Gesundheitsversorgung
5. Kenntnis der für die Krankenpflege relevanten gesetzlichen Forderungen

6. Einsatz angemessener Kommunikationsfähigkeit zur Entwicklung helfender (caring) Beziehungen mit Patientinnen, Patienten, Klientinnen und Klienten und deren Familien und Freunden sowie zur Aufnahme und Aufrechterhaltung therapeutischer Beziehungen
7. Identifizierung gesundheitsbezogener Lernbedürfnisse von Patientinnen, Patienten, Klientinnen und Klienten, Familien und Freunden und Beteiligung an gesundheitsfördernden Aktionen
8. Verständnis für Ethik in der Gesundheitsversorgung und im Pflegeberuf und für die sich daraus ergebenden Verantwortlichkeiten für die Berufspraxis der Pflegenden
9. Identifizieren der Bedürfnisse von Patientinnen, Patienten, Klientinnen und Klienten, um sie befähigen zu können, von verschiedenen Abhängigkeitsstufen zu größtmöglicher Unabhängigkeit zu gelangen oder zu einem friedlichen Sterben
10. Identifizieren physischer, psychischer, sozialer und spiritueller Bedürfnisse der Patientinnen, Patienten, Klientinnen und Klienten; Wissen um Bedeutung und Konzepte individueller Pflege; Befähigung, einen Pflegeplan zu erstellen und zu seiner Implementierung und Evaluation beizutragen; Anwendung der Prinzipien eines Problemlösungsansatzes auf die Pflegepraxis
11. Befähigung zu effektiver Teamarbeit und Partizipation in einem multiprofessionellen Ansatz der Patienten-/Klientenversorgung
12. Beschreiben angemessener Wege zur Weiterleitung von Angelegenheiten, die nicht im eigenen Kompetenzbereich liegen
13. Delegation angemessener Aufgaben an andere und Beaufsichtigung, Anleitung und Überwachung der delegierten Aufgaben.

Diesen Zielen sind jeweils bestimmte Inhalte zugeordnet, deren Beherrschung als Indikator für die betreffende Qualifikation (indicative content) betrachtet wird.

Ausbildungsniveau und Aufbildungsorganisation
Mit der Umsetzung von Project 2000 (UKCC, 1986) wurde die Pflegeausbildung in den Neunzigerjahren vollständig in den tertiären Bereich (higher education) verlagert. Die Ausbildung findet entweder an einer Universität oder an einem Universitätscollege oder –institut statt. Diese Organisationsformen sind akademisch gleichwertig und unterscheiden sich lediglich auf administrativer Ebene.

Hinsichtlich der Zulassungsvoraussetzungen sind von UKCC Mindestvoraussetzungen festgelegt worden:
- ein Mindestalter von 17,5 Jahren bei Kursbeginn und
- ein General Certificate of Secondary Education mit A-, B- oder C-Noten in mindestens fünf Fächern oder eine vergleichbare Qualifikation.

Die einzelnen Hochschulen können weitergehende Kriterien anlegen.

4.2 Ergebnisse nach Ländern: Großbritannien

Die Mindeststudienzeit für das Pflegestudium beträgt drei Jahre Vollzeitstudium. Der erfolgreiche Abschluss führt zum Diploma und berechtigt zur Bewerbung für die Registrierung bei UKCC. Im Anschluss an den Diploma-Studiengang kann weiterstudiert werden bis zum Erreichen eines Degree (BSc.Hons). Eine Reihe von Universitäten bietet die Möglichkeit an, die Ausbildung direkt in einem Degree-Studiengang zu absolvieren. Je nach Hochschule und Studienorganisation gehen die Degree-Studiengänge über drei oder vier Jahre; vierjährige Studiengänge sind dabei seltener.

Ein Degree berechtigt zu weiteren Studiengängen, die in Vollzeit- oder Teilzeitmodus zum Master und darauf folgend auch zur Promotion führen. Masterprogramme können als Lehrprogramme (taught masters, Abschluss Master of Science, MSc) oder als Forschungsprogramme (Master of Philosophy, Mphil.) absolviert werden.

Die Hochschulen müssen geplante Studiengänge und Curricula vom jeweils zuständigen National Board genehmigen lassen, das die Studiengänge dann auch jährlich einer Überprüfung unterzieht, um die Einhaltung der Regelungen und Standards zu gewährleisten.

Ausbildung der Lehrkräfte

Qualifikationsniveau
Seit Februar 1994 ist ein Bildungsausschuss des UKCC (Teachers Task Group) mit der Festlegung von Standards für die Vorbereitung von Lehrerinnen und Lehrern in der Krankenpflege, Geburtshilfe und Health Visiting befasst. In einem 1997 herausgegebenen Bericht dieses Ausschusses (UKCC, 1997) werden u. a. Vorschläge für vier unterschiedliche pädagogische Rollen sowie Standards für deren Ausübung unterbreitet:
- preceptor: arbeitet neue Mitarbeiterinnen und Mitarbeiter ein
- mentor: unterstützt die Studierenden, leitet an und hat Vorbildfunktion im Praxisfeld
- practice educator: leistet als erfahrener Praktiker mit einem weiten Verständnis für die klinische Praxis einen entscheidenden Beitrag in der Aus- und Fortbildung von Studierenden und Praktikerinnen und Praktikern; identifiziert Bedarf an professioneller Weiterentwicklung im Team, stellt sicher, dass diesem entsprochen wird und leitet die kontinuierliche Fortentwicklung der Praxis im eigenen Feld
- lecturer: übt Lehrfunktion im universitären Bereich aus und leistet einen wesentlichen Beitrag zum Lernen in der Praxis.

Nur auf die Vorbereitung für die lecturer-Tätigkeit soll hier näher eingegangen werden.
Um als lecturer in einem der Pflegeberufe tätig werden zu können, ist die Registrierung der entsprechenden Lehrqualifikation im UKCC-Register notwendig. Ob

eine Lehrqualifikation für die Registrierung ausreichend ist, wird von UKCC individuell entschieden, und es gibt zahlreiche Optionen unterschiedlicher Bildungswege, die zur Lehrqualifikation führen können.

Allgemeine Kriterien sind:
- einschlägige pflegerische Berufsausbildung
- mindestens dreijährige entsprechende praktische Berufserfahrung
- Weiterbildungsstudiengang von mindestens sechsmonatiger Dauer zur Erweiterung des berufsbezogenen (pflegerischen) Wissens
- erfolgreicher Abschluss eines speziellen Vorbereitungskurses auf die Lehrqualifikation von mindestens einjähriger Dauer bei einem Vollzeitkurs.

Ziele, Inhalte und Organisation
Das Ziel der berufsbezogenen Weiterbildungsstudiengänge ist, den angehenden Lehrkräften in ihrem Unterrichtsfach einen Wissensstand zu vermitteln, der über dem der Studierenden liegt. Das Studium soll sowohl theoretische als auch praktische Anteile haben und die Inhalte in einer solchen Tiefe und Breite anbieten, dass die angehende Lehrkraft eine solide Grundlage hat, von der aus sie lehren kann.

Der Kurs zum Erwerb der Lehrqualifikation soll sich sowohl mit der Theorie als auch mit der Praxis des Lehrens befassen. Die Kurse müssen die spezifische Anwendung von Lehr- und Lernprinzipien auf die Unterrichtung von angehenden Pflegenden, Hebammen, Health Visitors, District Nurses und Occupational Health Nurses einschließen. Die Unterrichtspraxis muss an entsprechenden hochschulischen Ausbildungsstätten gesammelt werden, hier sind rund acht Wochen vorgesehen.

Die angebotenen Studiengänge sind vielfältig. Es gibt Vollzeitstudiengänge, Teilzeitstudiengänge und berufsbegleitende Studiengänge, bei denen die Bewerberinnen und Bewerber an der entsprechenden Bildungsinstitution angestellt sind und dort eine bestimmte Mindeststundenzahl unterrichten (in-service courses). Manche Studiengänge sehen eine hohe Praxisverpflichtung vor und werden deshalb bevorzugt oder auch ausschließlich als Teilzeit- oder in-service-Studiengänge angeboten.

Die Anerkennungskriterien der National Boards lassen Studiengänge an unterschiedlichen Fakultäten zu. So gibt es anerkannte Studiengänge in Schools of Education, Departments of Adult Education, Schools of Nursing and Midwifery, Departments of Education Studies usw. Die Studienabschlüsse sind entsprechend vielfältig und umfassen:
- Postgraduate Diploma of Education
- Master of Science oder Postgraduate Diploma in Health Professional Education
- Postgraduate Diploma in Adult Education
- Postgraduate Diploma in Health Care Practice and Education
- Postgraduate Diploma or Master in Education for Health & Social Care Practice
- Postgraduate Diploma in Higher Education

4.2 Ergebnisse nach Ländern: Großbritannien

- Postgraduate Certificate in Teaching in Higher Education.

Wegen der vielfältigen Voraussetzungen und Zugangsmöglichkeiten müssen Interessierte sich nicht nur bei der jeweiligen Hochschule bewerben, sondern auch mit Lebenslauf und Darstellung der Intention bei dem jeweils zuständigen Board, das auch Karriere- und Studienberatung anbietet.

Literatur
UKCC (1986). Project 2000 – A new Preparation for Practice. London: UKCC.
UKCC (1997). Standards for the Preparation of Teachers in Nursing, Midwifery and Health Visiting. London: UKCC.
WNB (1997). Handbook for Approved Education Establishments and Programmes for Nurses, Midwives and Health Visitors. Cardiff: WNB.

4.2.8 Irland

Berufsstruktur
Berufsbezeichnung und Registrierung sind in Irland ebenso wie die Ausbildung staatlich geregelt durch The Nurses Act von 1985, The Nurses Rules von 1988 sowie spätere Änderungen dieser Gesetze. Ähnlich wie in Großbritannien gibt es auch in Irland ein gesetzlich definiertes Nursing Board, das für die Umsetzung dieser gesetzlichen Vorgaben zuständig ist: An Bord Altranais.
Es gibt drei grundständige Ausbildungsgänge im Pflegebereich:
- General Nurse
- Psychiatric Nurse und
- Mental Handicap Nurse.

Nur die Qualifizierung zur General Nurse entspricht den EC-Richtlinien.
Bis vor kurzem gab es daneben eine gesonderte Kinderkrankenpflegeausbildung. Jetzt findet die Qualifizierung für die Kinderkrankenpflege als post-registration Kurs statt, für den die Registrierung als general nurse, psychiatric nurse oder mental handicap nurse Voraussetzung ist. Studienabschluss ist hier das Higher Diploma in Sick Children's Nursing. Auch die Hebammenausbildung ist ein Aufbaustudiengang. Vorausgesetzt wird hier die Ausbildung zur und Registrierung als general nurse, erworben wird das Higher Diploma in Midwifery. Weitere Aufbaustudiengänge, die zu speziellen Registrierungen führen, gibt es für die Qualifizierung zur Public Health Nurse und zum Nurse Tutor (s. 4.2.8.3). Altenpflege ist nicht als gesonderter Beruf mit spezieller Registrierung vorgesehen, es gibt aber darauf spezialisierte Aufbaustudiengänge.
Alle im Register von An Bord Altranais aufgeführten Personen, auch Hebammen und Pflegelehrer, führen die übergeordnete Berufsbezeichnung nurse.

Pflegeausbildung

Ziele und Inhalte
Hinsichtlich der Gestaltung der Ausbildungsgänge besteht erheblicher Spielraum. Die inhaltlichen Vorgaben von An Bord Altranais beziehen sich darauf, dass die Ausbildung theoretische, technische und klinische Anteile haben muss, dass zu Beginn eines jeden Ausbildungsgangs ein Einführungsblock stattfinden muss, in dem u. a. der Lehrplan und die Regelungen für die Ausbildung erklärt werden, und dass bei Abschluss der Ausbildung jeder Studierende Erfahrungen in der Pflege sowohl männlicher als auch weiblicher Patienten gemacht haben muss. Die weiteren Vorgaben für die praktische und theoretische Ausbildung unterscheiden sich je nach Ausbildungskurs.

Ausbildungsniveau und Ausbildungsorganisation
Die Ausbildung in den Pflegeberufen ist gegenwärtig in einem Veränderungsprozess begriffen. Während in der Vergangenheit die Ausbildung in Krankenpflegeschulen analog zur Lehrlingsausbildung in anderen Bereichen stattfand, ist die Pflegeausbildung jetzt dem universitären Bereich zugeordnet. Die Lehre findet aber nach wie vor zum großen Teil in den bestehenden, Krankenhäusern angegliederten, Krankenpflegeschulen statt.

Voraussetzungen für die Zulassung zur Ausbildung sind ein Mindestalter von 17 Jahren und ein Schulabschlusszeugnis mit Mindestnoten in bestimmten Fächern. Außerdem findet ein Bewerbungsgespräch statt. Die Aufnahmebedingungen werden gegenwärtig im Blick auf die Fächer im Schulabschlusszeugnis überprüft. Zur Zeit beinhalten diese Fächer u. a. Irisch, Englisch und eine weitere Sprache; dies erschwert den Zugang für nicht-irische Bewerberinnen und Bewerber erheblich. Die Zulassungsvoraussetzungen sind detailliert aufgeführt in einer von der zentralen Bewerbungsstelle herausgegebenen Broschüre (Nursing Application Centre, 1998).

Die vorgegebene Mindeststudienzeit für die Grundausbildung (basic training course) ist festgelegt auf 156 Wochen einschließlich Feiertagen und Urlaub. Von diesen 156 Wochen entfallen 86 Wochen auf den klinischen Unterricht, 58 Wochen auf den theoretischen Unterricht und 12 Wochen auf Urlaubszeiten. Wie die 156 Wochen insgesamt organisiert werden, ist den Krankenhäusern bzw. den Bildungseinrichtungen weitgehend freigestellt.

Der akademische Abschluss ist ein University Diploma, der berufliche Abschluss die Registrierung als nurse. Das University Diploma berechtigt zum weiteren postregistration Studium zur Erlangung eines bachelor degree.

Ausbildung der Lehrkräfte

Qualifikationsniveau
Die Lehrkräfte in den Pflegeausbildungen müssen bei An Bord Altranais als Nurse Tutor registriert sein. Als Zulassungsqualifikation für eine Registrierung gelten der Master of Education in Health Science sowie der Masters Degree in Nursing Science/Midwifery Science. Beide Qualifikationen können an der Universität in Dublin erworben werden.

Ziele, Inhalte und Organisation
Die folgenden Angaben zum Master-Studiengang Nursing Science/Midwifery Science des University College Dublin sind den entsprechenden Informationen für Studierende (1998) entnommen.

Studienbewerber und Studienbewerberinnen müssen als nurse registriert sein und

ein degree in Pflege oder einem verwandten Fachgebiet aufweisen. Das Studium bietet eine Spezialisierung auf einen der Bereiche Praxis, Lehre oder Management. Für den Studienschwerpunkt Lehre müssen die Bewerberinnen und Bewerber mindestens drei Jahre Berufserfahrung nach der Registrierung nachweisen. Teilzeitstudierende müssen während des gesamten Studiums in dem von ihnen gewählten Schwerpunkt beschäftigt sein. Vollzeitstudierende müssen Berufserfahrung in dem von ihnen gewählten Spezialisierungsbereich nachweisen und bereit sein, während des Studiums Praxisübungen in diesem Bereich zu absolvieren. Als Vollzeitstudium dauert das Programm ein Jahr, als Teilzeitstudium zwei Jahre. Der Studiengang beinhaltet acht Lehrmodule; vier dieser Module sind generelle Pflichtmodule, die von allen Studierenden in diesem Programm besucht werden müssen, die anderen vier Module müssen gewählt werden entsprechend der gewünschten Spezialisierung. Die Pflichtmodule sind:
- Entwicklungen und Themen in Pflegetheorie und -praxis
- Forschungsmethoden
- fortgeschrittene Forschungsmethoden (qualitative/quantitative)
- Managementprinzipien (allgemein, Finanzen, Personal).

Ziel der Lehrerqualifizierung ist, dass die Studierenden ein fundiertes Wissen über Bildungsfragen in den Pflegeberufen sowie Lehrmethoden und Lehrkompetenzen erwerben. Die speziellen Module sind entsprechend:
- Philosophie der Erziehung
- Psychologie der Erziehung/Soziologie der Erziehung
- Curriculum-Studien (einschließlich Unterrichtsstrategien und Unterrichtspraxis)
- Management in der Pflegeausbildung.

Das Studium beinhaltet bei diesem Schwerpunkt ein Unterrichtspraktikum.

Zu jedem Modul findet eine Lernkontrolle statt. Die Leistungsüberprüfungen erfolgen durch schriftliche Arbeiten, Projekte, Fallstudien, Lehrproben und Tests. Zum Studienprogramm gehören außerdem die Arbeit an einem Forschungsprojekt und eine schriftliche Abschlussarbeit.

Eine weitere Qualifizierungsmöglichkeit bietet das Master-of-Education Programm des Trinity Colleges der University of Dublin. Dieser Studiengang hat, wie die Informationsunterlagen über Graduate Studies und Higher Degrees 1997/98 ausweisen, das Ziel, einen umfassenden Überblick über die erziehungswissenschaftlichen Grundlagendisziplinen und gegenwärtige Entwicklungen im Bereich der Erziehung und Bildung zu vermitteln und zugleich Möglichkeiten zur Spezialisierung entsprechend den jeweiligen Bedürfnissen und Interessen zu bieten.

In den verpflichtenden Kernkursen wird ein multidisziplinärer Ansatz der Theorie und Praxis der Erziehung verfolgt und entsprechend werden Philosophie, Psychologie und Soziologie im Hinblick auf ihre speziellen Beiträge zur Erziehungswissenschaft studiert. Hinzu kommen einführende Kurse in Statistik, Curriculumtheorie,

Geschichte, Computeranwendungen und Verwaltungsfragen sowie ein Hauptkurs in Forschung. Spezialisierungen sind in sechs Bereichen möglich:
1. Grundlagen, Curriculum und Evaluationstudien
2. Beratung
3. sprachliche Bildung
4. mathematische Bildung
5. Bildungsverwaltung und -management
6. paramedizinische und hochschulische Bildung.

Angehende Pflegelehrer wählen den sechsten Schwerpunkt, der speziell für angehende Lehrkräfte für Gesundheitsfächer im tertiären Bildungsbereich gedacht ist.

Zugangsvoraussetzung sind ein guter honors degree oder eine als äquivalent eingestufte Qualifikation und in der Regel eine mindestens zweijährige Unterrichtserfahrung. Dieser postgraduale Studiengang dauert zwei Jahre. Im ersten Jahr stehen Lehrveranstaltungen im Vordergrund, im zweiten Forschung und die Arbeit an der Abschlussarbeit.

Literatur
Nursing Application Centre (1998). General and Psychiatric Nursing Registration/Diploma Programme 1998.

4.2.9 Italien

Berufsstruktur
In Italien gibt es eine Ausbildung in der allgemeinen Krankenpflege, auf die nach einem Dekret des Gesundheitsministeriums vom 14.09.1994 Weiterbildungen in den Bereichen:
- Pflege im öffentlichen Gesundheitsdienst
- pädiatrische Pflege
- psychiatrische Pflege
- geriatrische Pflege
- Intensivpflege

aufbauen können. Daneben gibt es eine Hebammenausbildung.

Pflegeausbildung

Ziele und Inhalte
Als Aufgaben der allgemeinen Krankenpflege werden in dem genannten Dekret aufgeführt:
a) Mitwirkung bei der Identifikation der Gesundheitsbedürfnisse von Individuen und Personen
b) Identifikation der pflegerischen Bedürfnisse von Personen und Gruppen und Formulierung entsprechender Ziele
c) Planung, Durchführung und Bewertung pflegerischer Maßnahmen
d) Sicherstellung der korrekten Ausführung diagnostischer und therapeutischer Verordnungen
e) selbständiges Handeln und Handeln in Zusammenarbeit mit Angehörigen anderer Gesundheits- und Sozialberufe
f) gegebenenfalls mit Unterstützung von Hilfspersonal
g) in öffentlichen oder privaten Gesundheitsdiensten, in abhängiger oder in freiberuflicher Position.

Die Ausbildung hat nach einem Dekret vom 24.07.1996 das Ziel, auf die Übernahme dieser Aufgaben vorzubereiten. In diesem Dekret werden auch detaillierte Angaben zu Studieninhalten und ihrer zeitlichen Verteilung auf die einzelnen Semester gemacht.
    Die Ausbildungsinhalte weisen Schwerpunkte im Bereich der medizinisch-naturwissenschaftlichen Grundlagen und der Pflege in verschiedenen medizinischen Bereichen auf.
    Im ersten Semester ist ein Propädeutikum vorgesehen, das Themen aus den Bereichen medizinische Physik, Statistik, Informatik, medizinische Chemie und Bio-

chemie, Biologie und Genetik, menschliche Anatomie und Histologie, allgemeine Pflege und Pflegetheorie und Fachenglisch umfasst. Als Schwerpunkt des zweiten Semesters wird Physiopathologie angegeben; hier werden allgemeine und klinische Mikrobiologie, Pathologie und allgemeine Physiopathologie, Immunologie und Pflegemethoden vermittelt. Im dritten und vierten Semester lautet das Generalthema „klinische Medizin". Inhalte sind im 3. Semester innere Medizin, allgemeinje Chirurgie, Pharmakologie, Hygiene, Epidemiologie und medizinische Statistik, Pflege in der inneren Medizin und allgemeinen Chirurgie, Grundlagen der Humanwissenschaften und im vierten Semester Mutter-Kind-Medizin, Pflegetechnik, Grundlagen der Chirurgie und der Anwendung pflegerischer Technik auf die Chirurgie und klinische Pflege. Im dritten Ausbildungsjahr stehen einzelne Pflegebereiche (allgemeine Pflege, Norfallmedizin und Intensivpflege, pädiatrische Pflege und Geburtshilfe) im Vordergrund.

In der Darstellung der entsprechenden Studiengänge werden als mögliche Tätigkeitsfelder genannt Krankenhäuser, Ambulatorien, häusliche Pflege, öffentliche Gesundheit, Hygiene, psychiatrische Pflege, Pädiatrie und Geburtshilfe.

Ausbildungsniveau und Ausbildungsorganisation
Nach dem erwähnten Dekret vom 24.07.1996 findet die Pflegeausbildung in Italien an Universitäten statt und ist dort den medizinischen und chirurgischen Fakultäten zugeordnet. Als hochschulische Ausbildung setzt sie das Abitur (maturità) voraus. Die Ausbildung umfasst insgesamt 4600 Stunden, von denen 3000 Stunden für die praktische und 1600 Stunden für die theoretische Ausbildung angesetzt sind. Dabei gibt es einen gewissen Spielraum für die Hochschulen insofern, als die auf die theoretische Ausbildung entfallende Stundenzahl um bis zu 200 Stunden erhöht werden kann bei entsprechneder Verminderung der Stunden für die praktische Ausbildung. In jedem Ausbildungsjahr entfällt mehr als die Hälfte der Stunden auf den praktischen Teil, und der Praxisanteil steigt vom 1. Jahr mit 720 Stunden über 900 Stunden im zweiten Jahr auf 1250 Stunden im 3. und letzten Ausbildungsjahr. Das Studium schließt ab mit dem „diploma universitario per infermiere" bzw. dem „diploma in scienze infermieristiche".

Ausbildung der Lehrkräfte

Qualifikationsniveau
Die Qualifizierung der Dozentinnen und Dozenten wird dem Weiterbildungsbereich zugerechnet, der gegenwärtig neu geregelt wird. Auf eine Lehrtätigkeit bereiten zur Zeit zweijährige spezielle Hochschulausbildungen auf Diploma-Niveau, das heißt dem unteren Hochschulniveau, vor, die eine abgeschlossene Pflegeausbildung vor-

aussetzen. Es ist allerdings vorgesehen, diese Ausbildungsgänge auslaufen zu lassen und durch Laurea-Studiengäng, d. h. vollakademische Studiengänge, zu ersetzen.

Ziele, Inhalte und Organisation
Weiterbildungsstudiengänge für Lehr- und Leitungskräfte gibt es an den folgenden Universitäten:
- Turin
- Genua
- Rom (an zwei Universitäten)
- Mailand
- Padua
- L'Aquila.

An den medizinischen und chirurgischen Fakultäten der Universitäten Genua, Padua und Turin bietet jeweils die scuola diretta a fini speciali di dirigenti e docenti di scienze infermieristiche einen zweijährigen Ausbildungsgang an. Diese Schule bildet Lehr- und Leitungspersonal für Krankenpflegeschulen auf allen Niveaus und für den nationalen Gesundheitsdienst oder andere öffentliche oder private Institutionen aus. Aufnahmevoraussetzung ist eine abgeschlossene Kranken- oder Kinderkrankenpflegeausbildung (die es früher als gesonderte Ausbildung gab). Gibt es mehr Bewerberinnen und Bewerber als Plätze, so entscheidet ein Wettbewerb (concorso) über die Zulassung. Das Studium umfasst 400 Stunden pro Jahr. Am Ende muss eine schriftliche Arbeit, für die eine Bearbeitungszeit von sechs Monaten zur Verfügung steht, abgeliefert werden. Das Studium schließt mit dem diploma di dirigente e docente di scienze infermieristiche ab. Die Inhalte beziehen sich auf folgende Bereiche:
- Pflegewissenschaft (Ethik, Fachdidaktik Pflege, Organisation und Pflegemanagement, Aktualisierung pflegerischer Kenntnisse, spezieller Pflege in der Pädiatrie)
- Gesundheitswissenschaft (Gesundheitsstatistik, Hygiene, Epidemiologie, Sozialmedizin, Biologie und Biochemie, Pathologie und allgemeine Physiopathologie, Pharmakologie und toxikologische Medizin, Aktualisierung pflegerischer Kenntnisse in innerer Medizin, Chirurgie und medizinischen Spezialgebieten, Technik und Krankenhaushygiene)
- Informatik und Forschung, Gesundheitsökonomie
- Rechts- und Humanwissenschaften (Bioethik, Prinzipien des Verwaltungs- und Gesundheitsrechts, psychologische, pädagogische und soziologische Grundlagen)
- Fachenglisch.

Hinzu kommen Praktika in Gesundheitseinrichtungen.

Die Studiengänge der anderen Hochschulen sind ähnlich angelegt. Der Studiengang der Università Cattolica del Sacro Cuore scheint zwar aufgrund der Bezeichnung (scuola speciale per dirigenti dell'assistenza infermieristica) nur an Leitungspersonal gerichtet, enthält aber eine Spezialisierungsmöglichkeit im pädagogischen Bereich. An der Universität Mailand heißt das Institut, an dem die Weiterbildung der Lehr- und Leitungskräfte stattfindet, „Scuola Universitaria di Discipline infermieristiche".

4.2.10 Luxemburg

Berufsstruktur
In Luxemburg gibt es eine Krankenpflegeausbildung, die für die allgemeine Pflege qualifiziert. Im Anschluss an diese Ausbildung sind über Weiterbildungslehrgänge Spezialisierungen möglich in den Bereichen:
- Krankenpflege in Anästhesie und Intensivpflege
- Krankenpflege in der Pädiatrie
- psychiatrische Krankenpflege
- Hebamme
- medizinisch-technische Assistenz in der Chirurgie.

Daneben gibt es eine Ausbildung in der Krankenpflegehilfe.

Pflegeausbildung

Ziele und Inhalte
Die Krankenpflegeausbildung ist durch eine spezielles Gesetz geregelt, das „loi spécial sur les écoles d'infirmières".

Danach soll die Krankenpflegeausbildung in Luxemburg sowohl der Berufsbildung als auch der Allgemeinbildung dienen und sowohl zum Krankenpflegediplom als auch zum sogenannten technischen Abitur führen. Aus diesem Grunde enthält der Lehrplan sowohl berufsbezogene als auch allgemeinbildende Fächer. In den berufsbezogenen Fächern wurde im Zuge der Ausbildungsreform in der Krankenpflege in den Neunzigerjahren eine neue inhaltliche Schwerpunktsetzung vorgenommen: Während die frühere Ausbildung eher medizinisch und naturwissenschaftlich geprägt war, sollen in der neuen Ausbildung neben den Humanwissenschaften Kommunikationsfähigkeit, Kreativität, Forschungsqualifikation und Adaptationsfähigkeit im Vordergrund stehen.

Ausbildungsniveau und Ausbildungsorganisation
Die Krankenpflegeausbildung wurde in den Neunzigerjahren in das sekundäre berufliche Bildungswesen (cycle supérieur des études secondaires techniques) integriert. Das Krankenpflegediplom (diplôme de l'état Luxembougois d'infirmier) ist zugleich Hochschulzugangsberechtigung. Die einzige Ausbildungsstätte ist das Lycée Technique pour professions de Santé, das vier Ausbildungszentren vereinigt, den Sitz in Luxemburg-Stadt, das Ausbildungszentrum in Esch-sur-Alzette, das Ausbildungszentrum in Ettelbrück und das Ausbildungszentrum in Luxemburg-Bahnhof.

Voraussetzung für die Aufnahme in die Krankenpflegeausbildung ist der Abschluss der 11. Klasse der berufsbildenden Sekundarschule oder der 3. Klasse des Gymnasiums oder ein vergleichbarer Schulabschluss.

Die Ausbildungsdauer beträgt drei Jahre mit jeweils 36 Schulwochen à 32 – 36 Unterrichtsstunden. Die Hälfte der Stunden entfällt auf die theoretische Ausbildung. Die praktische Ausbildung gliedert sich in 1 – 3 Stunden fachpraktischen Unterricht in der Schule und 6 Unterrichtsstunden (im 1. Ausbildungsjahr) – 21,5 Unterrichtsstunden (im 3. Ausbildungsjahr) im Praxisfeld. Der praktische Einsatz wird im 1. Jahr vollständig, im 2. Jahr zu 75 % und im 3. Jahr zu 50 % systematisch durch eine Lehrkraft der Schule oder eine Pflegekraft in Mentorfunktion begleitet.

Qualifikation der Lehrkräfte

Qualifikationsniveau
An der Schule für Gesundheitsberufe unterrichten Lehrer für Gesundheitsberufe und Lehrer für allgemeinbildende Fächer. Seit der Neugestaltung der Pflegeausbildung 1995 gelten für die Lehrkräfte im Gesundheitsbereich dieselben Bedingungen wie für Lehrkräfte in anderen Bereichen der beruflichen Bildung. Allgemein gibt es zwei Qualifizierungswege.

Der eine Weg ist der „klassische", wie er auch für die Lehrer der allgemeinbildenden Fächer typisch ist: Nach dem Abitur wird ein mindestens vierjähriges fachbezogenes Universitätsstudium absolviert. Nach einer speziellen Aufnahmeprüfung kann man dann in die spezielle Lehrerausbildung aufgenommen werden. Dabei handelt es sich um eine Art Referendariat. Die Anwärterinnen und Anwärter sind während der dreijährigen Zeit der Ausbildung zur Lehrkraft bereits pädagogisch tätig und werden bezahlt.

Der zweite Weg führt über eine dreijährige Ausbildung an der Fachhochschule und eine daran anschließende dreijährige Berufspraxis, ehe die Aufnahmeprüfung für die dreijährige Lehrerausbildung (s. o.) abgelegt werden kann. Diese Lehrkräfte verdienen weniger als die an Universitäten ausgebildeten.

Praktisch wird vielfach ein mittlerer Weg beschritten. Nach dem Abitur wird zunächst eine dreijährige Ausbildung an einer Fachhochschule gemacht, danach wird zum Lizenziat an einer Universität weiterstudiert. Dabei werden zwei Jahre auf das Universitätsstudium angerechnet. Während der Zeit des Universitätsstudiums arbeiten viele Studierende in Teilzeitform im an der Fachhochschule erlernten Beruf. Diese Studierenden bringen dann sowohl eine Berufsausbildung und eine gewisse Berufserfahrung als auch ein Universitätsstudium mit.

An der Schule für Gesundheitsberufe werden außerdem zur Deckung des Unterrichtsbedarfs in nicht geringem Umfang Aushilfs-Lehrkräfte mit deutschen oder französischen Qualifikationen beschäftigt, die nicht den luxemburgischen Vorgaben

(Abitur + mindestens dreijährige Pflegeausbildung + Hochschulausbildung) genügen und entsprechend niedriger vergütet werden.

Ziele, Inhalte und Organisation
Eine Besonderheit besteht in Luxemburg darin, dass Luxemburg selbst keinen vollständigen Studiengang in irgendeinem Fach anbietet, sondern Kooperationen mit französischen, belgischen und deutschen Hochschulen unterhält. Wer Lehrkraft für Pflege werden möchte, studiert zunächst in der Regel an einer belgischen Fachhochschule Pflege oder absolviert eine Pflegeausbildung an einer französischen Krankenpflegeschule. Anders als die luxemburgische und die deutsche Pflegeausbildung setzen diese beiden Ausbildungen das Abitur voraus und genügen damit den luxemburgischen Anforderungen an künftige Lehrkräfte (Abitur + 3 Jahre Pflegeausbildung).

Dieser Teil ist also ein fachlicher und fachpraktischer Teil der Lehrerausbildung. Wer den „klassischen" Universitätsweg wählt, setzt zunächst die fachbezogene Ausbildung, wer den zweiten der oben beschriebenen Wege wählt, die fachpraktische Ausbildung für mindestens zwei bzw. drei Jahre fort. Die pädagogische Qualifizierung erfolgt dann außerhalb der Hochschule in einem kombinierten Arbeits- und Ausbildungsverhältnis.

4.2.11 Niederlande

Berufsstruktur

Die Ausbildung in den Pflegeberufen ist in den Niederlanden 1997 neu geregelt worden. Zuständig sind das Ministerium für Bildung, Kultur und Wissenschaft und das Ministerium für Gesundheit, Gemeinwohl und Sport. Die einschlägigen Gesetze sind:
- das Gesetz über die Berufe in der individuellen Gesundheitspflege
- der Erlass über die Ausbildungsanforderungen der Krankenpflegeberufe
- das Ausbildungs- und Berufsgesetz und
- das Gesetz über die Hochschulausbildung und wissenschaftliche Forschung.

Innerhalb des Pflege- und Versorgungsbereichsbereichs werden vier Berufe mit gesonderten Ausbildungsgängen (Pflegehelfer in der Heim- und häuslichen Pflege, Sozialpfleger in der Heim- und häuslichen Pflege, Krankenschwester/Krankenpfleger Qualifikationsniveau 4 und , Krankenschwester/Krankenpfleger Qualifikationsniveau 5) unterschieden (Ministerium für Unterricht, Kultur und Wissenschaft & Ministerium für Gesundheit, Gemeinwohl und Sport, 1977), hinzu kommt die Hebammenausbildung, die nicht den Pflegeberufen zugeordnet ist.

Pflegeausbildung

Ziele und Inhalte
Bei der Ausbildung zum Pflegehelfer in der Heim- und häuslichen Umgebung scheint es sich um eine Qualifikation auf Helferniveau zu handeln. Diese Ausbildung ist dem niedrigsten von vier in den Niederlanden unterschiedenen Qualifikationsniveaus zugeordnet, das durch Routinetätigkeiten und standardisiertes Arbeiten charakterisiert ist, auch dauert die Ausbildung nur zwei Jahre. Wie bei der Darstellung der Ausbildung in anderen Ländern auch soll auf die Helferausbildung nicht näher eingegangen werden.

Eine Qualifikationsebene höher sind die Sozialpfleger in der Heim- und häuslichen Pflege angesiedelt. Ihre Aufgabe ist es, Hilfeleistungen anzubieten, wenn dies aus somatischen oder psychischen Gründen erforderlich ist, und zwar im primären Umfeld. Das primäre Lebensumfeld kann dabei der eigene Haushalt des Pflegebedürftigen sein, aber auch eine alternative Lebensumgebung wie ein Alten- oder Pflegeheim oder eine Einrichtung des betreuten Wohnens.

Die Krankenschwester/der Krankenpfleger des Qualifikationsniveaus 4 sind für die selbständige Planung und Durchführung der Krankenpflege verantwortlich. Krankenpflege wird dabei als zyklischer Prozess aufgefasst, der Anamnese, Diagnose, Erstellung eines Pflegeplans, Implementierung der Pflege auf somatischer und psychosozialer Ebene und Evaluation der durchgeführten Pflege umfasst. Die Ausbildung soll dazu befähigen, die pflegerische Versorgungsstruktur vor dem Hintergrund des individuellen Pflegebedarfs des Pflegebedürftigen zu organisieren und zu koordinieren, und zwar in direktem Kontakt.

Die Krankenschwestern und Krankenpfleger, die dem höchsten Qualifikationsniveau 5 zugerechnet werden, sollen darüber hinaus in die Lage versetzt werden, auch in neuen Situationen selbständig angemessen zu handeln, koordinierende, organisatorische und beratende Funktionen zu übernehmen und Bedingungen zur Verbesserung des Pflegeangebots zu schaffen.

Auf allen drei Ebenen der Fachausbildung ist einerseits eine breite Qualifizierung angestrebt, in der letzten Ausbildungsphase ist aber auch eine Spezialisierung vorgesehen. Vier Bereiche stehen dabei zur Wahl. Der erste Bereich betrifft Kurzzeitpflege bei akuten Erkrankungen und Unfällen, der zweite Pflege bei Schwangerschaft, Geburt, Wochenbett und Pflege von Kindern und Jugendlichen, der dritte betrifft Psychiatrie, Gerontopsychiatrie, Alten- und Behindertenhilfe und der vierte chronische Erkrankungen. Eine gesonderte Altenpflege- oder Heilerziehungspflegeausbildung gibt es nicht, diese Bereiche werden vielmehr bezüglich der Grundpflege durch Pflegehelfer und Sozialpfleger, hinsichtlich der Behandlungspflege durch das dritte Spezialisierungsgebiet abgedeckt.

Ausbildungsniveau und Ausbildungsorganisation
Die Ausbildung zum Sozialpfleger in der Heim- und häuslichen Pflege und zur Krankenschwester/zum Krankenpfleger des Qualifikationsniveaus 4 erfolgt im Rahmen der beruflichen Sekundarbildung an Berufsfachschulen, die der Krankenschwester/des Krankenpflegers auf Qualifikationsniveau 5 im tertiären Bildungsbereich an Hogeschoolen. Zulassungsbedingung für die Berufsfachschule ist der Abschluss der allgemeinen Sekundarbildung (MAVO, im Alter von 16-17 Jahren), für die Zulassung zu den Hogeschoolen ist ein höherer allgemeiner Sekundarabschluss (HAVO, im Alter von 17-18 Jahren) erforderlich. Die Ausbildung zum Sozialpfleger in der Heim- und häuslichen Pflege dauert drei Jahre, die zur Krankenschwester/zum Krankenpfleger auf beiden Ebenen vier Jahre.

Zur Vermittlung praktischer Erfahrungen stellen die verschiedenen Einrichtungen des Gesundheitswesens Praktikumsplätze zur Verfügung.

In allen Regionen und auf allen Ausbildungsebenen werden zwei gleichwertige Lernwege angeboten: Der berufsausbildende Weg (Studieren und Praktika) und der berufsbegleitende Weg (Arbeit und Teilzeitunterricht). Der Schwerpunkt liegt bei der erstgenannten Option bei einem Praxisanteil von rund 30 % auf dem schulischen Lernen, während er im berufsbegleitenden Kurs bei einem Praxisanteil von rund 70 % im Lernen am Arbeitsplatz liegt. Für beide Lernwege sind vom niederländischen Gesetzgeber Mindeststundenzahlen vorgegeben: 2300 Stunden praktischer Unterricht, 1535 theoretischer Unterricht.

Die angestrebten Ausbildungsergebnisse der verschiedenen Kurse sind in einem modularen Qualifikationssystem zusammengefasst. Sämtliche in den Pflegeberufen angebotenen Module werden den unterschiedlichen Qualifikationsebenen zugeordnet. Auf diese Weise wird eine hohe Transparenz der Ausbildungsstruktur erreicht, und gleichzeitig wird ein Wechsel zwischen den Ausbildungsgängen erleichtert.

Ausbildung der Lehrkräfte

Qualifikationsniveau
Die Ausbildung erfolgt als Aufbaustudiengang an Hogeschoolen. Eingangsvoraussetzung sind eine abgeschlossene Krankenpflegeausbildung und eine mindestens einjährige Berufserfahrung.

Ziele, Inhalte und Organisation
Die „Lerarenopleiding Verpleegkunde" ist primär auf eine pädagogische Tätigkeit in der Pflegeausbildung im Sekundar- und Tertiärbereich gerichtet.

Entsprechende Studiengänge werden an der Hogeschool Holland in Diemen, der Noordelijke Hogeschool Leeuwarden, der Leidse Hogeschool, der Hogeschool van Arnhem in Nijmegen, der Hogeschool Rotterdam & Omstreken und der Hogeschool van Utrecht angeboten.

Gemeinsam ist diesen Studiengängen, dass es sich um zweijährige Teilzeitstudiengänge handelt, bei denen das Schwergewicht im Bereich der Didaktik und Methodik, der Teamarbeit, der Qualitätsentwicklung und der Schulorganisation liegt. Die Studiengänge sind modular aufgebaut, enthalten unterrichtspraktische Anteile und einen erheblichen Anteil an Selbststudium. Die Studienbelastung pro Woche wird insgesamt auf 20 bis 24 Stunden veranschlagt, ein Tag in der Woche ist dabei für das Präsenzstudium oder Kontaktstudium vorgesehen.

Ausbildungsziel ist die Qualifizierung von Theorie-Praxis-Dozenten. Die Studierenden sollen vorbereitet werden auf:
- das Anstoßen und Begleiten von Lernprozessen und
- die Lehrplan- und Qualitätsentwicklung.

(Informationsbroschüre der Hogeschool van Utrecht, 1999-2000). In den Informationsunterlagen der Noordelijke Hogeschool Leeurwarden werden folgende Einzelfunktionen der Lehrkräfte genannt:
- Planer, Organisator, Ausführer und Evaluator sowohl theoretischer als auch praktischer Unterweisung
- fachdidaktischer Begleiter von Lern- und Entwicklungsprozessen von Auszubildenden

- Entwicklung von Lehrmaterial
- Beteiligung an der Weiterentwicklung der Ausbildung
- Gesprächspartner und Mitwirkender innerhalb der Ausbildungsorganisation
- Teilnahme an Fort- und Weiterbildungsmaßnahmen.

An anderen Hochschulen ist die Zielsetzung ähnlich.

In anderer Hinsicht gibt es Unterschiede zwischen den Ausbildungsgängen. So bezieht die Leidse Hogeschool auch pflegefachliche Inhalte in das Studium ein. Auf den Bereich Pflege entfallen hier vier von insgesamt sechzehn Modulen, der Akzent scheint allerdings auch bei diesen Modulen eher in der Fachdidaktik als in der Fachwissenschaft gesetzt zu werden. Das erste Studienjahr dient der Vermittlung unterrichtlicher Basisfertigkeiten, im zweiten sollen die Studierenden in die Lage versetzt werden, an der Entwicklung von Lehreinheiten, der Lehrplanentwicklung, der Schulorganisation und Qualitätsentwicklung mitzuwirken.

Auch an der Hogeschool Rotterdam & Omstreken dient das erste Jahr dem Erwerb von Basisfertigkeiten, das zweite der Entwicklung von Theorie- und Praxisunterweisung. Pflegerische Themen werden im Zusammenhang mit der Aufgaben- bzw. Sachanalyse berührt, einen speziellen pflegefachlichen bzw. pflegewissenschaftlichen Teil lassen die Informationsunterlagen nicht erkennen.

Einen ausgewiesenen fachwissenschaftlichen Anteil gibt es hingegen an der Hogeschool Holland in Diemen. In beiden Jahren sind vier große Lehrbereiche vorgesehen: Pflegekunde, Unterrichtskunde und unterstützende Fächer 1 und 2. Unterstützende Fächer sind dabei Agogik, Ökonomie, Organisationskunde, Recht, schriftliches und mündliches Präsentieren und moderne Medien.

Die ausgebildeten Lehrkräfte können jeweils an dem Einrichtungstyp lehren, den sie selbst in der Grundausbildung besucht haben, sowie auf allen niedrigeren Niveaus. Wer also eine Pflegeausbildung an der Hogeschool absolviert hat, kann nach bestandener Lehrerprüfung auf allen vier oben beschriebenen Qualifikationsniveaus unterrichten. Wer die Krankenpflegeausbildung nicht an einer Hochschule, sondern als mittlere Berufsausbildung erlernt hat, kann nach Erwerb der Lehrqualifikation in Ausbildungsgängen auf den Niveaus 2 (Pflegehilfe), 3 (Sozialpflege) und 4 (Krankenpflege als mittlere Berufsausbildung) tätig werden.

Die Lehrqualifikation bezieht sich nur auf Pflegeunterricht, nicht auf andere Fächer.

Literatur

Ministerium für Unterricht, Kultur und Wissenschaft und Ministerium für Gesundheit, Gemeinwohl und Sport (1997). Qualifiziert für die Zukunft. Zusammenhängendes Ausbildungssystem für die Pflegeberufe in Krankenhäusern, Heimen und der Häuslichen Pflege in den Niederlanden: eine Zusammenfassung.

4.2 Ergebnisse nach Ländern: Niederlande

Englische Version: Qualified for the future. Coherent training systems for nursing and patient care in the Netherlands: a summary. Herausgegeben vom qualifications Structure Committee des Ministery of Education, Culture and Science und des Ministry of Health, Welfare and Sport (1997).

4.2.12 Österreich

Berufsstruktur
Die Pflegeberufe werden in Österreich unter dem Begriff „Gesundheits- und Krankenpflegeberufe" zusammengefasst. Dazu gehören:
- der gehobene Dienst für Gesundheits- und Krankenpflege und
- die Krankenpflegehilfe.

Auf die Helferausbildung soll hier nicht eingegangen werden.
Der gehobene Dienst für Gesundheits- und Krankenpflegeberufe untergliedert sich in:
- allgemeine Gesundheits- und Krankenpflege
- Kinderkrankenpflege und
- psychiatrische Gesundheits- und Krankenpflege.

mit jeweils entsprechender Abschlussbezeichnung. Qualifikationen für eine Tätigkeit in der Kinder- und Jugendlichenpflege und in der Psychiatrischen Gesundheits- und Krankenpflege können aber auch über eine Weiterbildung erworben werden.
Die Pflege alter Menschen fällt in den Bereich der allgemeinen Gesundheits- und Krankenpflege wie auch in den Bereich der psychiatrischen Krankenpflege.
Der Hebammenberuf zählt nicht zu den Gesundheits- und Krankenpflegeberufen, die Ausbildung findet völlig unabhängig von der der Pflegeberufe statt.

Pflegeausbildung

Ziele und Inhalte
Die Grundausbildungen sind ebenso wie Fort-, Weiter- und Sonderausbildungen in Österreich auf Bundesebene durch das Gesundheits- und Krankenpflegesetz (GuKG) geregelt, das 1997 das vorherige Krankenpflegegesetz abgelöst hat.
Dieses Gesetz nennt als Ausbildungsziel nur allgemein, dass die Ausbildung der Vermittlung der zur Ausübung des Berufes erforderlichen theoretischen und praktischen Kenntnisse und Fertigkeiten diene. Das Berufsbild für die Krankenpflege wird in § 11 dieses Gesetzes folgendermaßen beschrieben:
„(1) Der gehobene Dienst für Gesundheits- und Krankenpflege ist der pflegerische Teil der gesundheitsfördernden, präventiven, diagnostischen, therapeutischen und rehabilitativen Maßnahmen zur Erhaltung oder Wiederherstellung der Gesundheit und zur Verhütung von Krankheiten.
(2) Er umfasst die Pflege und Betreuung von Menschen aller Altersstufen bei körperlichen und psychischen Erkrankungen, die Pflege und Betreuung behinderter Menschen, Schwerkranker und Sterbender sowie die pflegerische Mitwirkung an der

4.2 Ergebnisse nach Ländern: Österreich

Rehabilitation, der primären Gesundheitsversorgung, der Förderung der Gesundheit und der Verhütung von Krankheiten im intra- und extramuralen Bereich. (3) Die in Abs. 2 angeführten Tätigkeiten beinhalten auch die Mitarbeit bei diagnostischen und therapeutischen Verrichtungen auf ärztliche Anordnung."

Die Ausbildungsinhalte sind in Form von Sachgebieten aufgelistet. Die Sachgebiete, die für die allgemeine Gesundheits- und Krankenpflege insbesondere vorgesehen sind, sind in Tabelle 6 aufgeführt.

Tabelle 6: Ausbildungsinhalte der allgemeinen Gesundheits- und Krankenpflege in Österreich nach § 42 des Gesundheits- und Krankenpflegegesetzes.

Nr.	Sachgebiet
1.	Berufsethik und Berufskunde der Gesundheits- und Krankenpflege
2.	Grundlagen der Pflegewissenschaft und Pflegeforschung
3.	Gesundheits- und Krankenpflege
4.	Pflege von alten Menschen
5.	Palliativpflege
6.	Hauskrankenpflege
7.	Hygiene und Infektionslehre
8.	Ernährung, Kranken- und Diätkost
9.	Biologie, Anatomie und Physiologie
10.	Allgemeine und spezielle Pathologie, Diagnose und Therapie, einschließlich komplementärmedizinische Methoden
11.	Geriatrie, Gerontologie und Gerontopsychiatrie
12.	Pharmakologie
13.	Erste Hilfe, Katastrophen- und Strahlenschutz
14.	Gesundheitserziehung und Gesundheitsförderung, einschließlich Arbeitsmedizin
15.	Soziologie, Psychologie, Pädagogik und Sozialhygiene
16.	Kommunikation, Konfliktbewältigung, Supervision und Kreativitätstraining
17.	Strukturen und Einrichtungen des Gesundheitswesens, Organisationslehre
18.	Elektronische Datenverarbeitung, fachspezifische Informatik, Statistik und Dokumentation
19.	Berufsspezifische Rechtsgrundlagen

Ausbildungsniveau und Ausbildungsorganisation
Für die drei Berufe des gehobenen Dienstes für Gesundheits- und Krankenpflege wird durch eine dreijährige Berufsausbildung an entsprechenden speziellen Schulen (Schulen für Allgemeine Gesundheits- und Krankenpflege, Schulen für Kinder- und Jugendlichenpflege, Schulen für psychiatrische Gesundheits- und Krankenpflege) qualifiziert, wobei die Ausbildungsgänge in Gesundheits- und Krankenpflege und Kinderkrankenpflege in den ersten beiden Ausbildungsjahren parallelisiert sind. Träger der Schulen sind in der Regel Krankenhausträger. Die Schulen müssen vom jeweiligen Landeshauptmann genehmigt werden; die Genehmigung ist an den Nachweis des Vorliegens bestimmter Voraussetzungen (wie Verbindung mit einer

für die praktische Ausbildung geeigneten Krankenanstalt, Vorhandensein fachlich und pädagogisch geeigneter Lehrkräfte) geknüpft.

Zulassungsvoraussetzungen für alle drei Grundausbildungen sind:
1. körperliche und geistige Eignung
2. Vertrauenswürdigkeit
3. erfolgreicher Abschluss des zehnten Schuljahres.

Zusätzlich zu diesen Zulassungsvoraussetzungen müssen Bewerberinnen und Bewerber für die Grundausbildung in der Psychiatrischen Gesundheits- und Krankenpflege das 18. Lebensjahr bei Beginn der Ausbildung erreicht haben.

Die Ausbildungsgänge umfassen jeweils mindestens 4600 Stunden theoretische und praktische Ausbildung, wobei davon mindestens die Hälfte auf die praktische und mindestens ein Drittel auf die theoretische Ausbildung entfallen soll.

Die Ausbildung ist in schulische und berufspraktische Anteile gegliedert. Für die Organisation der Ausbildungsgänge lässt das Gesetz viel Freiraum. Die berufspraktische Ausbildung findet in Krankenhäusern, Einrichtungen der stationären Betreuung pflegebedürftiger Menschen und in Einrichtungen, die Hauskrankenpflege oder andere Gesundheitsdienste oder soziale Dienste anbieten, statt.

Ausbildung der Lehrkräfte

Qualifikationsniveau
Es bestehen zwei Möglichkeiten der Pflegelehrer-Ausbildung: als Sonderausbildung im Sinne des Gesundheits- und Krankenpflegegesetzes, d. h. als Weiterbildung, oder als Universitätslehrgang.

Ziele, Inhalte und Organisation
Im Blick auf das Aufgaben- und Arbeitsgebiet der Pflegelehrer wird nicht zwischen theoretischem und praktischem Unterricht unterschieden, die Lehrkräfte sind für beide Bereiche zuständig.

Als Lehraufgaben, für die die Sonderausbildung qualifizieren soll, gelten insbesondere eine Lehrtätigkeit in der Gesundheits- und Krankenpflege und die Leitung von Gesundheits- und Krankenpflegschulen, von Sonderausbildungen und von Pflegehilfelehrgängen.

Die Aufgaben der Lehrtätigkeit werden in § 24 GuKG spezifiziert:
„(1) Die Lehrtätigkeit in der Gesundheits- und Krankenpflege umfasst die Planung, Durchführung und Auswertung des theoretischen und praktischen Unterrichts an Gesundheits- und Krankenpflegschulen, an Pflegehilfelehrgängen, an sonstigen

Ausbildungsgängen, in denen Gesundheits- und Krankenpflege gelehrt wird, sowie im Rahmen der Fort-, Weiter- und Sonderausbildung.
(2) Hiezu zählen insbesondere:
- Erstellung des Lehr- und Stundenplanes
- Planung, Vorbereitung, Nachbereitung und Evaluierung des Unterrichts in fachlicher, methodischer und didaktischer Hinsicht
- Erteilen von Unterricht in den jeweiligen Sachgebieten
- Vorbereitung, Abhaltung und Evaluierung von Prüfungen und
- pädagogische Betreuung der Auszubildenden."

Zu den Leitungsaufgaben heißt es in § 25 GuKG:
„(1) Die Leitung von
- Gesundheits- und Krankenpflegeschulen
- Sonderausbildungen in der Gesundheits- und Krankenpflege und
- Pflegehilfelehrgängen

umfasst die fachliche, pädagogische und organisatorische Leitung und die Dienstaufsicht im Rahmen der theoretischen und praktischen Ausbildung.
(2) Hiezu zählen insbesondere:
- Planung, Organisation, Koordination und Kontrolle der gesamten theoretischen und praktischen Ausbildung
- Sicherung der inhaltlichen und pädagogischen Qualität des Unterrichts in den einzelnen Sachgebieten
- Auswahl der Einrichtungen, an denen die praktische Ausbildung durchgeführt wird, sowie Kontrolle und Sicherung der Qualität der praktischen Ausbildung
- Auswahl der Lehr- und Fachkräfte
- Organisation, Koordination und Mitwirkung bei der Aufnahme in eine Schule für Gesundheits- und Krankenpflege
- Anrechnung von Prüfungen und Praktika und
- Organisation, Koordination und Mitwirkung an kommissionellen Prüfungen."

Voraussetzung für die Zulassung zur Sonderausbildung ist die "rechtmäßige zweijährige vollbeschäftigte Berufsausübung im Gehobenen Dienst für Gesundheits- und Krankenpflege oder entsprechend länger bei Teilzeitbeschäftigung" (§ 17 GuKG).
  Gemäß GuKP dauert die Sonderausbildung für Lehraufgaben mindestens ein Jahr und umfasst mindestens 1600 Stunden theoretische und praktische Ausbildung. Sie kann berufsbegleitend stattfinden, schließt mit einer Prüfung ab und erlaubt die Zusatzbezeichnung zur Berufsbezeichnung: "Lehrerin / Lehrer für Gesundheits- und Krankenpflege". Das Gesetz sieht folgende Sachgebiete für die Lehrerausbildung vor:
- Gesundheits- und Krankenpflege, einschließlich Pflegeforschung
- Berufskunde und Ethik

- Pädagogik, Psychologie und Soziologie
- Unterrichtslehre und Lehrpraxis
- Kommunikation, Verhandlungsführung und Konfliktbewältigung
- Management, Organisationslehre und Statistik
- Rechtskunde.

Die sogenannten universitären Lehrgänge für Pflegelehrer finden an vier nichtuniversitären Institutionen in Zusammenarbeit mit Universitäten statt (Österreichisches Bundesministerium für Wissenschaft und Verkehr, 1998). Das Studium dauert vier Semester.

Zugangsvoraussetzungen sind:
- abgeschlossene Berufsausbildung in einem Pflegeberuf oder verwandten Berufsgruppen
- mindestens dreijährige Berufspraxis und
- bestandener Aufnahmetest.

Die Studierenden werden an der jeweiligen Universität als außerordentliche Hörerinnen und Hörer aufgenommen und schreiben sich in den Lehrgang ein.

Die Lehrgänge haben, ähnlich wie die Sonderausbildung, die Zielsetzung, die Teilnehmerinnen und Teilnehmer durch Vermittlung von sozialwissenschaftlichen, kommunikativen, pädagogischen und pflegerischen Fertigkeiten für Lehraufgaben an Krankenpflegeschulen und anderen Schulen für Gesundheitsberufe zu qualifizieren.

Die Studierenden erhalten nach erfolgreichem Abschluss des Lehrgangs ein Zeugnis. Der erlangte berufliche Titel lautet Akademische/r Lehrer/in für Gesundheitsberufe (Linz und Innsbruck), bzw. Akademische/r Lehrer/in für Gesundheits- und Krankenpflege (Wien).

4.2.13 Portugal

Berufsstruktur
Es gibt eine Ausbildung in der allgemeinen Pflege. Nach Abschluss dieser Ausbildung und zweijähriger Berufserfahrung können bisher spezialisierte Studien aufgenommen werden. Zu diesen spezialisierten Studien zählen auch die Qualifizierungen für Kinderkrankenpflege und Hebammen.

Pflegeausbildung

Ziele und Inhalte
Die Pflegeausbildung war bis 1998 in ihren Grundzügen durch das Gesundheits- und das Bildungsministerium für ganz Portugal einheitlich geregelt. Seit 1999 liegt die alleinige Verantwortung beim Bildungsministerium, und es sind erhebliche Veränderungen geplant. Die Schulen konnten Vorschläge zum zukünftigen Curriculum beim Ministerium einreichen; Entscheidungen sind hier gegenwärtig noch nicht getroffen, so daß keine allgemeinen Aussagen gemacht werden können.

Ausbildungsniveau und Ausbildungsorganisation
Die Ausbildung findet gegenwärtig auf Hochschulniveau an Polytechnics statt. Vorausgesetzt werden wie bei anderen Hochschulstudiengängen der erfolgreiche Abschluss der zwölfjährigen Schulbildung und eine Hochschulzulassungsprüfung. Die Ausbildung dauert drei Jahre und umfasst 4200 Stunden, von denen entsprechend den EC-Kriterien mindestens die Hälfte für die praktische Ausbildung und mindestens ein Drittel für den theoretischen Unterricht verwendet werden muss.

Die Ausbildung schließt mit dem „Diploma do curso d'enfermagen general" ab, das dem Bachelor-Grad entspricht.

Ende 1998 wurde eine Neuregelung beschlossen, in der eine vierjährige Grundausbildung vorgesehen ist. Den Abschluss bildet dann ein Lizentiat. Für Krankenschwestern und Krankenpfleger mit bisheriger Ausbildung sind Ergänzungsstudien vorgesehen, um diesem Personenkreis ebenfalls den nun vorgesehenen höheren akademischen Abschluss zu ermöglichen. Wie die vierjährige Grundausbildung genau aussehen wird, ist gegenwärtig, wie erwähnt, noch nicht absehbar. Klar ist nur, daß sie sich an den EC-Vorgaben orientieren wird.

Ausbildung der Lehrkräfte

Qualifikationsniveau
Von den Lehrkräften wird bislang ein universitärer Abschluss auf Master-Niveau verlangt. Im Zuge der geplanten Anhebung der pflegerischen Grundausbildung ist zu erwarten, daß zukünftig ein Doktorat vorausgesetzt wird.

Ziele, Inhalte und Organisation
Im Rahmen des bisherigen Ausbildungsgangs werden von Lehrkräften folgende Qualifikationen verlangt:
- Krankenpflegediplom plus
- mindestens zwei Jahre Berufserfahrung in der Pflege plus
- zwei Jahre spezialisierter Studien plus
- Master-Degree.

Spezialisierte Studien werden z.B. in Gemeindepflege, Rehabilitation, psychiatrischer oder chirurgischer Pflege, Kinderkrankenpflege oder als Hebamme an mehreren Krankenpflegeschulen an Polytechnics angeboten. Sie dauern als Vollzeitstudiengänge zwei Jahre und umfassen 1300 bis 1800 Stunden, wovon mindestens 50 % auf die theoretische und 40 % auf die praktische Ausbildung entfallen. Die klinische Phasen werden an Krankenhäusern oder Gesundheitszentren absolviert. Hinsichtlich der Art des Master-Degrees gibt es keine Vorgaben. Die Lehrkräfte haben z.B. Abschlüsse in Pädagogik, Pflegewissenschaft, public health, Psychiatrie oder Psychologie. Masterprogramme für Pflegewissenschaft werden in Portugal nur an der Universität Oporto und der katholischen Universität Lissabon angeboten, Promotionsprogramme gibt es in diesem Bereich bisher nicht, so daß die in Zukunft erforderliche Promotion in einem verwandten Bereich erfolgen muß.

Mit der Verlängerung der Grundausbildung werden die spezialisierten Studien entfallen.

4.2.14 Schweden

Berufsstruktur
In Schweden gibt es eine Krankenpflegeausbildung und eine darauf aufbauende Hebammenausbildung im tertiären Bildungsbereich, außerdem eine Helferqualifizierung im Bereich der Sekundarbildung.

Pflegeausbildung

Ziele und Inhalte
Alle hochschulischen Bildungsgänge, also auch Krankenpflege- und Hebammenausbildung, sind in Schweden staatlich geregelt. Zuständige Behörden sind das Bildungsministerium und das Nationale Amt für hochschulische Bildung (Högskoleverket). Die Regelung erfolgt durch ein Bildungsgesetz und durch eine Bildungsverordnung, die im Anhang eine Liste von Fächern für Degree-Studiengänge mit Ausbildungszielen für jede Art von Degree-Studiengang enthält.

Im Hinblick auf das Krankenpflegestudium heißt es, die Studierenden sollten bei Abschluss:
- angemessene Kenntnisse und Befähigungen erlangt haben, die notwendig sind, um selbständig als Krankenschwester innerhalb der allgemeinen Gesundheitsversorgung arbeiten zu können
- Kenntnisse der allgemeinen und speziellen Krankenpflege erlangt haben
- die Fähigkeit der Selbstkenntnis und Empathie entwickelt haben und damit, unter Berücksichtigung ethischen Verhaltens und einer ganzheitlichen Sicht des Menschen, die Fähigkeit zu guten Beziehungen zu Patienten und deren Familien
- Kenntnisse von gesellschaftlichen Bedingungen erlangt haben, die Einfluss haben auf die Gesundheit sowie die Fähigkeit zur Initiierung von und Partizipation an Maßnahmen der Gesundheitsvorsorge und Prävention von Krankheit
- Kenntnisse über Ökonomie im Gesundheitsbereich und für das Gesundheitswesen relevante Organisation
- Kenntnisse erlangt haben in der Planung, Leitung und Koordinierung der Gesundheitsversorgung und Professionalität entwickelt haben, die bereit ist zur Teamarbeit und Kooperation mit allen anderen Mitarbeitern im Gesundheitswesen
- die Befähigung erlangt haben, Patienten und deren Angehörige anzuleiten und Mitarbeiter zu supervidieren.

Jeder Hochschule ist es freigestellt, darüber hinausgehende Ziele zu formulieren.

Ausbildungsniveau und Ausbildungsorganisation
Die Krankenpflegeausbildung ist im tertiären Bereich angesiedelt. Die Zulassung zum Studium setzt den Abschluss der Sekundarschule nach 12 oder 13 Schuljahren mit Mindestnoten in Mathematik, Schwedisch und Englisch voraus. Das Studium dauert drei Jahre und schließt mit dem bachelor's degree ab. Die Hebammenausbildung baut auf die Krankenpflegeausbildung auf und gilt als post-registration education. Sie dauert 60 Wochen, d. h. 1,5 akademische Jahre. Es gibt andere Weiterbildungen, z. B. in Intensivpflege, psychiatrischer Pflege, Kinderkrankenpflege oder Altenpflege, die aber nicht in der Bildungsverordnung geregelt sind.

Ausbildung der Lehrkräfte
Die Reformen in der Pflegeausbildung haben in Schweden auch wesentliche Veränderungen für den Pflegelehrerberuf mit sich gebracht (Negussie, 1997). Traditionell hatten Pflegelehrer eine gründliche pädagogische Ausbildung, während das Fach selbst in der Lehrerausbildung eine geringere Rolle spielte. Mit der Akademisierung der Pflegeausbildung wurde der Schwerpunkt auf das Unterrichtsfach verlagert. Für die pädagogische Qualifizierung wird, wie bei anderen Hochschullehrern, eine dreiwöchige Teilzeitqualifizierung als ausreichend angesehen.

Um in der Ausbildung für registrered nurses oder Hebammen tätig werden zu können, müssen jetzt die folgenden Voraussetzungen erfüllt sein:
- Registrierung als Krankenschwester für die Lehre in der Pflege oder als Hebamme für die Lehre in der Geburtshilfe und
- master's degree in nursing, um als lecturer arbeiten zu können bzw. zusätzlich
- Promotion, um als senior lecturer, assistant professor oder professor arbeiten zu können.

Die frühere Pflege- und Hebammenlehrerausbildung, bestehend aus einem Jahr (bzw. früher 1,5 Jahren) Studium am teachers college mit dem Abschluss master in education für nurses wird nach wie vor angeboten. Lehrkräfte mit dieser Qualifikation unterrichten in der Ausbildung der practical nurse, einer Ausbildung, die nicht zur Registrierung führt und als Helferausbildung betrachtet werden kann.

Von allen Lehrkräften wird erwartet, dass sie sowohl in der Praxis als auch in der Theorie unterrichten.

Literatur
Negussie, B. (1997). Tertiary education and academic degrees in pedagogy for caring and nursing and social work – a challenge for the 21st century. Vortrag gehalten im Dezember 1997 an der Massey University in Neuseeland.

4.2.15 Spanien

Berufsstruktur
In Spanien gibt es eine generalistische Krankenpflegeausbildung und eine darauf aufbauende klinische Weiterbildung zur Hebamme, außerdem eine Ausbildung auf Helferniveau.

Pflegeausbildung

Ziele und Inhalte
Der Rahmen für die Pflegeausbildung ist durch das königliche Dekret Nr. 1466/1990 vorgegeben, in dem auch allgemeine Ziele formuliert und obligatorische Inhaltsbereiche angegeben sind. Danach soll die Ausbildung vermitteln:
- angemessene Kenntnisse in den (biologischen, sozial- und gesundheitswissenschaftlichen) Basiswissenschaften
- ausreichende Kenntnisse der Berufskunde und Ethik sowie der Zusammenhänge zwischen Pflege und Gesundheit
- angemessene klinische Erfahrungen
- die Fähigkeit, an der Ausbildung von Gesundheitspersonal mitzuwirken und
- Erfahrung in der Zusammenarbeit mit anderen Berufen.

Verpflichtende Inhaltsbereiche sind:
- Administration von Diensten in der Krankenversorgung
- angewandte Psychologie/Sozialwissenschaften
- öffentliche Gesundheit, menschliche Ökologie
- geriatrische Pflege
- Mutter-Kind-Pflege
- medizinisch-chirurgische Pflege
- psychiatrische Pflege und geistige Gesundheit
- Aufbau und Funktion des menschlichen Körpers
- Pharmakologie, Ernährung und Diätetik
- Pflegetheorie
- Recht und Ethik.

Das Schwergewicht liegt im theoretischen Unterricht auf den Themenbereichen öffentliche Gesundheit/menschliche Ökologie und medizinisch-chirurgische Pflege. In der praktischen Ausbildung nimmt der medizinisch-chirurgische Bereich mit Abstand den größten Raum ein.

Ausbildungsniveau und Ausbildungsorganisation
Die Pflegeausbildung findet an Unversitäten als 1-Zyklus-Ausbildung, d. h. als Kurzausbildung von dreijähriger Dauer, statt. Sie umfasst rund 3900 Stunden, von denen entsprechend den EC-Kriterien mindestens die Hälfte auf den klinisch-praktischen Ausbildungsteil und mindestens ein Drittel auf die theoretische Ausbildung entfällt. Für theoretische und klinisch-praktische Ausbildungsstunden werden Credit-Punkte vergeben; so entspricht ein Credit-Punkt in der theoretischen Ausbildung zehn Unterrichtsstunden.

Eingangsvoraussetzungen sind wie bei anderen Studiengängen auch der Abschluss der Sekundarschule, der Besuch eines einjährigen Universitäts-Vorbereitungskurses (Curso de Orientación Universitaria, COU) und eine Auswahlprüfung (Selectividad).

Die Ausbildung schließt ab mit dem „Diplomado en Enfermeria".

Ausbildung der Lehrkräfte

Qualifikationsniveau
Eine spezielle Ausbildung für Pflege-Lehrkräfte gibt es nicht. Vorausgesetzt werden ein Krankenpflegediplom und das Bestehen einer Prüfung, deren Inhalte von der jeweiligen Universität festgelegt werden. Die Qualifizierung findet in Form einer Einarbeitung mit anschließendem Wettbewerb (concours) statt.

Ziele, Inhalte und Organisation
Kandidatinnen und Kandidaten beginnen mit einem befristeten Teilzeit-Arbeitsvertrag und werden durch Tutorenschaft von festangestellten Lehrenden und durch den Besuch post-gradualer Kurse in Pflege und Pädagogik eingearbeitet. Die Qualifizierungsphase bezieht sich damit, wie in anderen Fächern in Spanien auch, auf pädagogische Methodik, Forschungsmethodik und fachwissenschaftliche Zusatzqualifizierung. Sie dauert fünf bis sechs Jahre.

Der fachwissenschaftlichen Weiterqualifizierung dienen zweijährige Ausbildungsgänge des zweiten Zyklus, die mit dem „Titulo Superior en Enfermeria. Segundo ciclo" abschließen.

5. Adressen von Hochschulen

5.1 Belgien

Université Catholique Louvain
Ecole de Santé Publique
30 Clos Chapelle-aux-Champs 30, bte 37
UCL 30.37
B-1200 Bruxelles
Madame Elisabeth Darras
Tel.: 0032-2-7643437/39
Fax: 0032-2-7643435
e-mail: wangneur@hosp.ucl.ac.be

Ecole de Santé Publique
Faculté de Médicine
Université Libre de Bruxelles
Campus Erasme C.P. 591
Route de Lennik, 808
B-1070 Bruxelles
Fax: 0032-2-5554049
e-mail:presidence.esp@ulb.ac.be

Katholieke Universiteit Leuven
Naamsestraat 63
B-3000 Leuven
Tel.: 0032-16324311
Fax: 0032-16324330
e-mail: myriam.vanacker@das.kuleuven.ac.be

5.2 Dänemark

School of Advanced Nursing Education
At Aarhus University
Vennelystparken
DK-8000 Arhus C.
Tel.: 0045-86121711
Fax: 0045-86125073

5.3 Deutschland

Humboldt-Universität
Institut für Medizin-/Pflegepädagogik und Pflegewissenschaft
Ziegelstr. 5
10098 Berlin
Prof. Dr. Jutta Beier
Tel.: 0049-30-28026426
Fax: 0049-30-28026179

Fachhochschule Bielefeld
Fachbereich Pflege und Gesundheit
Am Stadtholz 24
33609 Bielefeld
Prof. Dr. Beate Rennen-Allhoff
Tel.: 0049-521-1067431
Fax: 0049-521-1067178

Universität Bremen
Fachbereich 11
Human- und Gesundheitswissenschaften – Pflegewissenschaft
Bibliotheksstr. 1-3
28359 Bremen
Prof. Dr. Stefan Görres
Tel.: 0049-421-2187443
Fax: 0049-4212174973

Katholische Fachhochschule Freiburg
Fachbereich Pflege
Wölflinstr. 4
79104 Freiburg i.Br.
Prof. Dr. Ursula Geißner
Tel.: 0049-761-200602
Fax: 0049-761-200444

Martin-Luther-Universität Halle-Wittenberg
Medizinische Fakultät, Abteilung Medizinpädagogik/Pflegewissenschaft
Magdeburger Str. 27
06097 Halle/Saale
Dr. Horst Dreßler
Tel.: 0049-345-5571822
Fax: 0049-345-5571220

Katholische Fachhochschule Nordrhein-Westfalen
Fachbereich Gesundheitswesen
Wörthstr. 10
50668 Köln
Prof. Dr. Marcus Siebolds
Telefon: 0049-221-7757198
Telefax: 0049-221-7757128

Evangelische Fachhochschule für Sozialwesen Ludwigshafen
Fachbereich Pflege
Maxstr. 29
67059 Ludwigshafen
Prof. Dr. Karl-Heinz Sahmel
Tel.: 0049-621-5911348
Fax: 0049-621-5911359

Katholische Fachhochschule Mainz
Saarstr. 3
55122 Mainz
Prof. Dr. Edith Kellnhauser
Tel.: 0049-6131-2894429
Fax: 0049-6131-2894450

Fachhochschule Münster
Fachbereich Pflege
Röntgenstr. 7-9
48149 Münster
Prof. Dr. Gardemann
Tel.: 0049-251-8365851
Fax: 0049-251-8365852

Katholische Fachhochschule Norddeutschland
Fachbereich Gesundheitspflege
Detmarstr. 2-8
49074 Osnabrück
Prof. Veronika Koch
Tel.: 0049-541-3588515
Fax: 0049-541-27379

Universität Osnabrück
Arbeitsgruppe Gesundheitswissenschaften
Albrechtstr. 28
49069 Osnabrück
Prof. Dr. Jutta Dornheim
Tel.: 0049-541-
Telefax:0049-541

5.4 Finnland

University of Jyväskulä
P.O.Box 35
FIN-40351 Jyväskulä
Finland
Tel.: 00358-14-601211

University of Kuopio
Department of Nursing Science
P.O. Box 1627
FIN-70211 Kuopio
Finland
Tel.: 00358-17-162211
Faculty of Social Sciences
Tel.: 00358-17-162081

University of Oulu
Department of Nursing
Kajaanintie 46 E
FIN 90220 Oulu
Finland
Tel.: 00358-8-5375011
Fax: 00358-8-5375607

University of Tampere
Department of Nursing Science
P.O. Box 607
FIN-33101 Tampere
Finland
Tel.: 00358-3-2156111
Fax: 00358-3-2156501

University of Turku
Uudenmaantie 43
FIN-20720 Turku
Finland
Tel.: 00358-2-3338409
Fax: 00358-2-2367197

5. Adressen von Hochschulen: Finnland

Abo Adademi/Vaasa/Vasa
Department of Nursing Science
PB 311
FIN-65101 Vaasa
Tel.: 00358-6-3248
Fax: 00358-6-3247503

5.5 Großbritannien

5.5.1 England

University of Northumbria at Newcastle
Coach Lane Campus
Coach Lane
Newcastle upon Tyne
NE7 7XA
<u>Kursleitung</u>: Mr Steve Tawse
Telefon: (0044) 191 - 227 3819

University of Huddersfield
Queensgate
Huddersfield
HD1 3DH
<u>Kursleitung</u>: Dr Ann Seed
Telefon: (0044) 1484 - 42 2636

Oxford Brooks University
Gipsy Lane
Headington
Oxford
<u>Kursleitung</u>: Ms J. Spouse
Telefon: (0044) 1865 741111

University of Wolverhampton
Faculty of Education
Walsall Campus
Gorway Road
Walsall WS1 3BD
<u>Kursleitung</u>: Miss B. Hyde
Telefon: (0044) 1902 323231

University College Chester
Cheyney Road
Chester CH1 4BJ
<u>Kursleitung</u>: Ms V. Thornes
Telefon: (0044) 1244 375444

University of Manchester
Department of Nursing
Stopfort Building
Oxford Road
Manchester M13 9PT
Telefon: (0044) 161 2752000

University of Portsmouth
School of Education and English
Cambridge Building Cambridge Road
Portsmouth PO1 2LF
Kursleitung: Dr. A. Race
Telefon: (0044) 1705 845203

University of the West of England
Faculty of Education
Redland Campus
Redland Hill
Bristol BS6 6UZ
Kursleitung: Mr J. Homewood
Telefon: (0044) 1179 741251

University of Plymouth
Department of Education
Drake Circus
Plymouth PL4 8AA
Telefon: (0044) 1752 600600

Bournemouth University
Learning Support Centre
Weymouth House, Talbot Campus
Fern Barrow, Wallisdown, Dorset
Kursleitung: Janice Gosby
Telefon: (0044) 1202 504169

Anglia Polytechnic University
Victoria Road South
Chelmsford
Essex
CM1 1LL
Kursleitung: Mrs Dawn Hillier
Telefon: (0044) 1245 493131 ext. 4114
Erlang House

South Bank University
103 Borough Road
London SE1 0AA
Kursleitung: Mr. E. Sooboodoo
Telefon: (0044) 171 815 8022

University of Greenwich
School of PCET
Avery Hill Campus
Mansion Site, Bexley Road
Eltham
London SE9 2PQ
Kurskoordination: Miss Pat Grant
Telefon: (0044) 181 331 9297

University of Surrey
Department of Education Studies
Guildford
Surrey GU2 5XD
Kursleitung: Ms Jan Shepherd
Telefon: (0044) 1483 259188

Sheffield Hallam University
36 Collegiate Crescent
Sheffield S10 2BP
Kursleitung: Ms V Keating
Telefon: (0044) 114 2720911

University of Nottingham
Dept. of Adult Education
School of Education
University Park
Nottingham NG7 2RD
Telefon: (0044) 115 951 3721

University of Sheffield School of Nursing and Midwifery
Post - Graduate & Research Centre
8 Brunswick Street
Sheffield S10 2FN
Kursleitung: Mrs P. Fairbrother
Telefon: (0044) 114 2229714

5.5.2 Nordirland

University of Ulster
Jordanstown
Newtownabbey
CO. Antrim
Telefon: (0044) 1232 365131

5.5.3 Wales

University of Wales College of Cardiff
School of Education
Senghennydd Road
Cardiff CF2 4AG
Telefon: (0044) 1222 874459

North East Wales Institute of Higher Education
Cartrefle College
Wrexham
LL13 9NL
Kursleitung: Mrs Colette Bleakley
Telefon: (0044) 1978 293362

University of Wales College, Newport
Faculty of Education & Combined Studies
College Crescent
Caerleon
Newport NP6 1XJ
Kursleitung: Mr Ian Hamilton
Telefon: (0044) 1633 432218

Ferryside Education Centre
Griffith Jones Centre
St. Clears
Carmarthenshire SA33 4BT
Kursleitung: Mr Brian J Duberley
Telefon: (0044) 1267 232076 ext. 4606/4461

weitere PT in-service Programme werden in der University of Wales, Bangor und in der University of Glamorgan angeboten

5.6 Irland

University of Dublin
Trinity College
Dublin 2, Ireland
Tel.: 353-1-6082722
Fax: 353-1-6712821
email: elang@mail.tcd.ie
http://www.tcd.ie/

Department of Nursing Studies
University College Dublin
Earlsfort Terrace
Dublin 2, Ireland
Tel.: 353-1-7067431
Fax: 353-1-4751733

5.7 Italien

Scuola per dirigenti e docenti di scienze infermieristiche
Istituto di Clinica Pediatrica
Facoltà di Medicina e Chirurgia
Istituto G. Gaslini
Via V Maggio
I-39 Genova
Tel.: 0039-010-3770233

Università degli studi di Milano
Facoltà die Medicina e Chirurgia
Scuola univeritaria di discipline infermieristiche
I-20143 Milano
Via T. Pini, 1
Tel.: 0039-02-26410341
Fax: 0039-02-26410233

Scuola per dirigenti e docenti di scienze infermieristiche
Dipartimento di Pediatria
Unità di Epidemiologia e Medicina di Comunità
via Giustiniani, 3
Padova
Informationen über:
Università degli studi di Padova
Ufficio Oientamento e Tutorato
Via VIII Febbraio, 2
I-35122 Padova
Tel.: 0039-049-8273312
Fax: 0039-049-8273339
e-mail orienta@ux1.unipd.it

Università Cattolica del Sacro Cuore
Facoltà de medicina e chirurgia „A. Gemelli"
00168-Largo Francesco Vito, 1
Roma
Tel.: 0039-06-30151

Università di Torino
Facolta' di medicina e chirurgia
Scuola diretta a fini speciali di dirigenti e docenti di scienze infermieristiche
Corso Massimo d'Azeglio N.60
Torino

5.8 Niederlande

Hogeschool van Arnheim en Nijmegen
Lerarenopleiding Verpleegkunde
Postbus 9020
NL-6500 JK Nijmegen
Tel.: 0031-24-3528528
Fax: 0031-24-3559866

Hogeschool Holland
Wildenborch 6
Postbus 261
NL-1110 AG Diemen
Tel.: 0031-20-4951000
Fax: 0031-20-

Hogeschool Rotterdam & Omstreken (HR&O)
Faculteit WAG
Lerarenopleiding Verpleegkunde
Museumspark 40
NL-3015 CX Rotterdam
Mrs Carolien Niejhuis
Mr. G. Beckeringh
Tel.: 0031-10-2414400
E-mail: G.Beckeringh@qhro-nl

Hogeschool van Utrecht
Faculteit Gezondheitszorg
Bolognalaan 101
NL-3584 CJ Utrecht
Tel.: 0031-30-2585100/5322

Leidse Hogeschool
Hoger Gezondheitszorg Onderwijs
Endegeesterwatering 2
NL-2333 CG Leiden
Koord.: T. van Dobbenburgh

Noordelijke Hogeschool Leeuwarden
Algemene Faculteit
Sector Gezondheitszorg
Postbus 1080
NL-8900 CB Leeuwarden
Tel.: 0031-58-2934222
Fax: 0031-58-

5.9 Österreich

Johannes-Kepler-Universität Linz gemeinsam mit dem Land OÖ
Akademie für Gesundheitsberufe
(ab Frühjahr 1999: Ausbildungszentrum an der Landesnervenklinik)
Frau Diplomkrankenschwester Erika Geßl
4020 Linz
Wagner-Jauregg-Weg 15
Tel.: 0043- 732-717736/0
Fax: 0043- 732-711136/5

Universität Wien gemeinsam mit der NÖ Landesakademie – Höhere Fortbildung in der Pflege, Mödling
NÖ. Landesakademie
Höhere Fortbildung in der Pflege
Frau Mag. Marianne Kriegl
2340 Mödling
Sr. Maria Restituta-Gasse 12
Tel.: 0043- 2236-204/190
Fax: 0043- 2236-204/196

Universität Salzburg gemeinsam mit den Krankenpflegeschulen der Landeskrankenanstalten
Institut für Erziehungswissenschaften
Mag. Karl Scheuringer
5020 Salzburg
Akademiestraße 26
Tel.: 0043- 662-8044/4231
Fax: 0043- 662-8044/141
Oder:
Krankenpflegeschulen der Landeskrankenanstalten Salzburg
Mag. Angelika Karner
5020 Salzburg
Müllner Hauptstraße 48
Tel.: 0043- 662-4482/4607
Fax: 0043- 662-4482/4609

5. Adressen von Hochschulen: Österreich

Universität Innsbruck gemeinsam mit dem Ausbildungszentrum West für Gesundheitsberufe
Ausbildungszentrum West für Gesundheitsberufe
Dagmar Springeth
6020 Innsbruck
Innrain 98
Tel.: 0043- 512-5322/219
Fax: 0043- 512-580602

Zusätzliche Auskünfte:

Österreiches Dokumentationszentrum für Auslandsstudien im Club International Universitaire
Schottengasse 1
1010 Wien
Tel.: 0043-1-533 65 33

Anzeigen

Jos Arets / Franz Obex / John Vaessen / Franz Wagner

Professionelle Pflege 1

Theoretische und praktische Grundlagen

3., überarbeitete Auflage 1999. XIV + 407 Seiten, zahlreiche farbige Abb. und Tab., Gb DM 62.– / Fr. 55.80 / öS 453.–
(ISBN 3-456-83292-3)

Viele Rückmeldungen bestätigen, daß dieses Buch ein Schülerbuch ist! Die beschreibende Ausdrucksweise und die einfache Sprache transportieren die anspruchsvollen theoriegeleiteten Inhalte durchaus versteh- und nachvollziehbar. Lernende, Lehrende und Studierende haben bestätigt, daß dieses Buch die zeitgemäßen Ansprüche der heutigen Pflege erfüllt.

Set aus Band 1 und 2:
DM 120.– / Fr. 108.– / öS 876.–
(ISBN 3-456-83076-9)

Jos Arets / Franz Obex / Lei Ortmann / Franz Wagner

Professionelle Pflege 2

Fähigkeiten und Fertigkeiten

1999. XXX + 1063 Seiten, Abb., Tab., Gb
DM 89.90 / Fr. 81.– / öS 656.– (ISBN 3-456-83075-0)

Professionelle Pflege 2 erweitert und komplettiert das Angebot professioneller Pflegeliteratur für die Pflegeausbildung und definiert einen neuen Standard zur Vermittlung sozialer, kommunikativer, fachlicher und personaler Kompetenzen in der Pflege. Professionelle Pflege 2 stellt pflegerische Fähigkeiten und Fertigkeiten in den Mittelpunkt, die im Krankenpflegegesetz unter § 4 «zur verantwortlichen Mitwirkung bei der Verhütung, Erkennung und Heilung von Krankheiten» verlangt werden. Differenziert werden begleitende, beratende und instrumentell-technische Fertigkeiten schrittweise, praxisorientiert und begründet dargestellt und vermittelt.

 Verlag Hans Huber http://Verlag.HansHuber.com
Bern Göttingen Toronto Seattle

Patricia Benner / Judith Wrubel

Pflege, Streß und Bewältigung

Gelebte Erfahrung von Gesundheit und Krankheit

1997. 485 Seiten, Kt DM 68.– / Fr. 59.– / öS 496.–
(ISBN 3-456-82772-5)

Dieses Buch handelt von den Beziehungen zwischen Sorge, Streß, Bewältigung und Gesundheit. Es erweitert die in «Stufen zur Pflegekompetenz» formulierte These, daß die Sorge (Caring) im pflegerischen Prozeß entscheidend ist. Zu den wichtigsten Prämissen dieses Ansatzes gehört, daß Pflegende die Erfahrung des Krankseins für die Person positiv beeinflussen können. Pflegende sind in der einzigartigen Position, sowohl die Krankheitserfahrung als auch die von der Person in diese Erfahrung eingebrachten persönlichen Bedeutungen verstehen zu können. Daher können sie helfen, die Krankheitserfahrung für die Person durch einfühlsames Führen und Interpretieren mitzuprägen. Pflegende können Streß nicht beheben, aber sie können die betreffende Person dabei unterstützen, Streß zu überleben. Gleichzeitig bauen Pflegende eine heilende Beziehung auf, indem sie Ihre Patientinnen und Patienten dazu ermutigen, die eigene Genesung zu bejahen und angemessene soziale, emotionale und spirituelle Ressourcen zu mobilisieren.

Patricia Benner

Stufen zur Pflegekompetenz

From Novice to Expert

1996. 292 Seiten, Kt DM 54.– / Fr. 53.– / öS 394.–
(ISBN 3-456-82305-3)

Dieses Buch zeigt, wie sich engagierte Pflegende mit großer Erfahrung in komplexen Pflegesituationen verhalten und in welcher Weise sich ihr kompetentes Verhalten von dem lernender und wenig erfahrener Kolleginnen und Kollegen unterscheidet.

Verlag Hans Huber http://Verlag.HansHuber.com
Bern Göttingen Toronto Seattle

Veronika Koch (Hrsg.)

Bildung und Pflege

2. Europäisches Osnabrücker Kolloquium

1999. X + 78 Seiten, 15 Abb., Kt
DM 38.– / Fr. 34.20 / öS 277.–
(ISBN 3-456-83263-X)

Dieses Buch enthält eine Zusammenfassung der Referate des 2. Europäischen wissenschaftlichen Kolloquiums «Bildung und Pflege» mit zahlreichen namhaften Vertreterinnen der deutschen Pflegepädagogikszene.

Undine De Cambio-Störzel et al.

Pflegeausbildung im Krankenhaus

Eine empirische Studie

1998. 78 Seiten, 1 Tab., Kt
DM 34.80 / Fr. 29.80 / öS 254.–
(ISBN 3-456-82907-8)

In dieser Studie wird die Situation der praktischen Ausbildung durch das Pflegepersonal im Krankenhaus dargestellt.
Die Erkenntnisse dieser Studie können in einfacher Weise auf die eigene Situation im Krankenhaus übertragen werden und helfen, die eigene Situation zu analysieren und gegebenenfalls zu verändern.

Verlag Hans Huber
Bern Göttingen Toronto Seattle

http://Verlag.HansHuber.com